水电水利规划设计总院
China Renewable Energy Engineering Institute

# 中国可再生能源发电工程建设质量管理报告

## 2024年度

CHINA RENEWABLE ENERGY POWER GENERATION ENGINEERING CONSTRUCTION QUALITY MANAGEMENT REPORT

水电水利规划设计总院
可再生能源发电工程质量监督站　编著

中国水利水电出版社
www.waterpub.com.cn
·北京·

**图书在版编目（CIP）数据**

中国可再生能源发电工程建设质量管理报告. 2024年度 / 水电水利规划设计总院，可再生能源发电工程质量监督站编著. -- 北京 : 中国水利水电出版社，2025.5.
ISBN 978-7-5226-3453-1

Ⅰ．F426.61

中国国家版本馆CIP数据核字第2025QB3343号

| 书　　名 | 中国可再生能源发电工程建设质量管理报告 2024 年度<br>ZHONGGUO KEZAISHENG NENGYUAN FADIAN GONGCHENG JIANSHE ZHILIANG GUANLI BAOGAO 2024 NIANDU |
|---|---|
| 作　　者 | 水 电 水 利 规 划 设 计 总 院　编著<br>可再生能源发电工程质量监督站 |
| 出版发行 | 中国水利水电出版社<br>（北京市海淀区玉渊潭南路1号D座　100038）<br>网址：www.waterpub.com.cn<br>E-mail：sales@mwr.gov.cn<br>电话：（010）68545888（营销中心） |
| 经　　售 | 北京科水图书销售有限公司<br>电话：（010）68545874、63202643<br>全国各地新华书店和相关出版物销售网点 |
| 排　　版 | 中国水利水电出版社微机排版中心 |
| 印　　刷 | 北京印匠彩色印刷有限公司 |
| 规　　格 | 210mm×285mm　16开本　5.75印张　138千字 |
| 版　　次 | 2025年5月第1版　2025年5月第1次印刷 |
| 定　　价 | 298.00元 |

**凡购买我社图书，如有缺页、倒页、脱页的，本社营销中心负责调换**

**版权所有·侵权必究**

# 编 委 会

**主　　任**　李　昇　易跃春

**副 主 任**　赵增海　赵全胜　张益国　王富强　彭才德
　　　　　　黎扬佳　谢宏文　李太成　郭雁珩　李修树
　　　　　　李光顺

**主　　编**　余　波　薛建峰

**副 主 编**　常昊天　吴茂林

**编写人员**　柯　文　胡　聪　李　榕　傅兆庆　王　伟
　　　　　　崔　影　王　欢　何　忠　刘学鹏　向方伟
　　　　　　曹恩华　司广全　李中夫　刘　飞　王广民
　　　　　　（华能中心站）（国能中心站）（内蒙古中心站）（华北中心站）
　　　　　　焦　勇　郝延涛　鲁广栋　张雪超
　　　　　　（辽宁中心站）（华能中心站）（国能中心站）（内蒙古中心站）

# 前言

在全球能源结构加速转型的背景下，大力发展可再生能源已成为实现"双碳"目标、推动绿色低碳发展的核心路径。近年来，我国可再生能源领域技术迭代与工程创新双向赋能，风电单机容量持续刷新世界纪录，光伏组件转化效率迭创新高，水电机组制造能力实现重大突破，工程总装机规模持续领跑全球，实现高质量跃升式发展。然而，随着可再生能源建设规模的快速扩张和新技术（如海上风电、光热发电、新型储能等）的广泛应用，技术标准不同步、供应链协同不足、全生命周期监管体系不完善等新问题逐渐显现，工程建设质量管控面临新挑战。

本报告以 2024 年新开工项目和截至 2024 年底的在监项目为基础，系统梳理可再生能源发电工程建设质量现状，深度解析技术创新与质量风险点，提出进一步促进行业高质量发展的相关建议，助力构建"高可靠性、高效益、高适应性"的可再生能源发电建设工程体系。报告内容涵盖建设特点、技术应用、质量监督等关键维度，以期为政府监管、行业规范及企业实践提供科学依据和参考。在数据整理和报告编写过程中，得到能源监管部门、相关电力建设工程质量监督机构及有关企业的大力支持和悉心指导，在此致以诚挚感谢。

问渠那得清如许？为有源头活水来。回望过去，正是创新激发了可再生能源高质量跃升式发展的澎湃动能；展望未来，我们要坚持以科技创新为引擎，以高质量发展为导向，以全行业协同为支撑，继续加强工程建设质量管理，持续提升工程建设的标准化、智能化、生态化水平，助力可再生能源发展实现新的突破。让每一座光伏电站都闪耀科技之光，让每一台风机都奏响创新乐章，让每一处水电站都谱写生态华章。水电水利规划设计总院、可再生能源发电工程质量监督站愿与全行业同仁一道始终秉持"功成不必在我"的精神境界和"功成必定有我"的历史担当，以匠心铸就精品工程、以智慧赋能绿色未来、以高效监督护航高质量发展，共同绘就清洁能源发展的壮美画卷。让我们携手共进，以更坚定的步伐、更澎湃的激情，在构建新型电力系统的征程上再立新功，为建设人与自然和谐共生的现代化作出新的更大贡献！

水电水利规划设计总院

可再生能源发电工程质量监督站

2025 年 4 月

# 目 录

前言

## 1 综述 ... 1
### 1.1 常规水电工程 ... 2
1.1.1 总体情况 ... 2
1.1.2 区域分布 ... 2
### 1.2 抽水蓄能电站工程 ... 2
1.2.1 总体情况 ... 2
1.2.2 区域分布 ... 3
### 1.3 风电工程 ... 5
1.3.1 总体情况 ... 5
1.3.2 区域分布 ... 6
### 1.4 太阳能发电工程 ... 8
1.4.1 总体情况 ... 8
1.4.2 区域分布 ... 8
### 1.5 生物质发电工程 ... 11
1.5.1 总体情况 ... 11
1.5.2 区域分布 ... 11
### 1.6 新型储能工程 ... 12
1.6.1 总体情况 ... 12
1.6.2 区域分布 ... 12

## 2 工程建设特点 ... 14
### 2.1 常规水电工程 ... 15
### 2.2 抽水蓄能电站工程 ... 15
### 2.3 风电工程 ... 16
### 2.4 太阳能发电工程 ... 19
### 2.5 生物质发电工程 ... 20
### 2.6 新型储能工程 ... 20

## 3 工程建设技术 ... 22
### 3.1 工艺工法 ... 23
3.1.1 水电工程 ... 23
3.1.2 风电工程 ... 24
3.1.3 太阳能发电工程 ... 25
3.1.4 新型储能工程 ... 27
### 3.2 施工装备 ... 28
3.2.1 水电工程 ... 28
3.2.2 风电工程 ... 30
3.2.3 太阳能发电工程 ... 32
### 3.3 智能建造 ... 33
3.3.1 水电工程 ... 33
3.3.2 风电工程 ... 34
3.3.3 太阳能发电工程 ... 35

## 4 质量监督管理 ... 36
### 4.1 质量监督管理制度体系 ... 37
### 4.2 质量监督检查常用标准 ... 40

4.3 质量监督检查技术要点 ………… 40
  4.3.1 通用检查要点 ……………… 40
  4.3.2 项目检查要点 ……………… 42

## 5 工程建设质量 ……………… 45

5.1 工程建设质量亮点 ……………… 46
  5.1.1 水电工程 …………………… 46
  5.1.2 风电工程 …………………… 48
  5.1.3 太阳能发电工程 …………… 50
  5.1.4 新型储能工程 ……………… 50
5.2 工程建设质量挑战 ……………… 52
  5.2.1 水电工程 …………………… 52
  5.2.2 风电工程 …………………… 54
  5.2.3 太阳能发电工程 …………… 56
  5.2.4 生物质发电工程 …………… 58
  5.2.5 新型储能工程 ……………… 59

## 6 发展建议 ……………… 61

## 附录 ……………… 65

附录1 质量监督检查常用
      强制性工程建设规范 ……… 66
附录2 质量监督检查常用
      勘察设计类标准 …………… 67
附录3 质量监督检查常用
      施工验收类标准 …………… 72
附录4 质量监督检查常用
      运行维护类标准 …………… 81

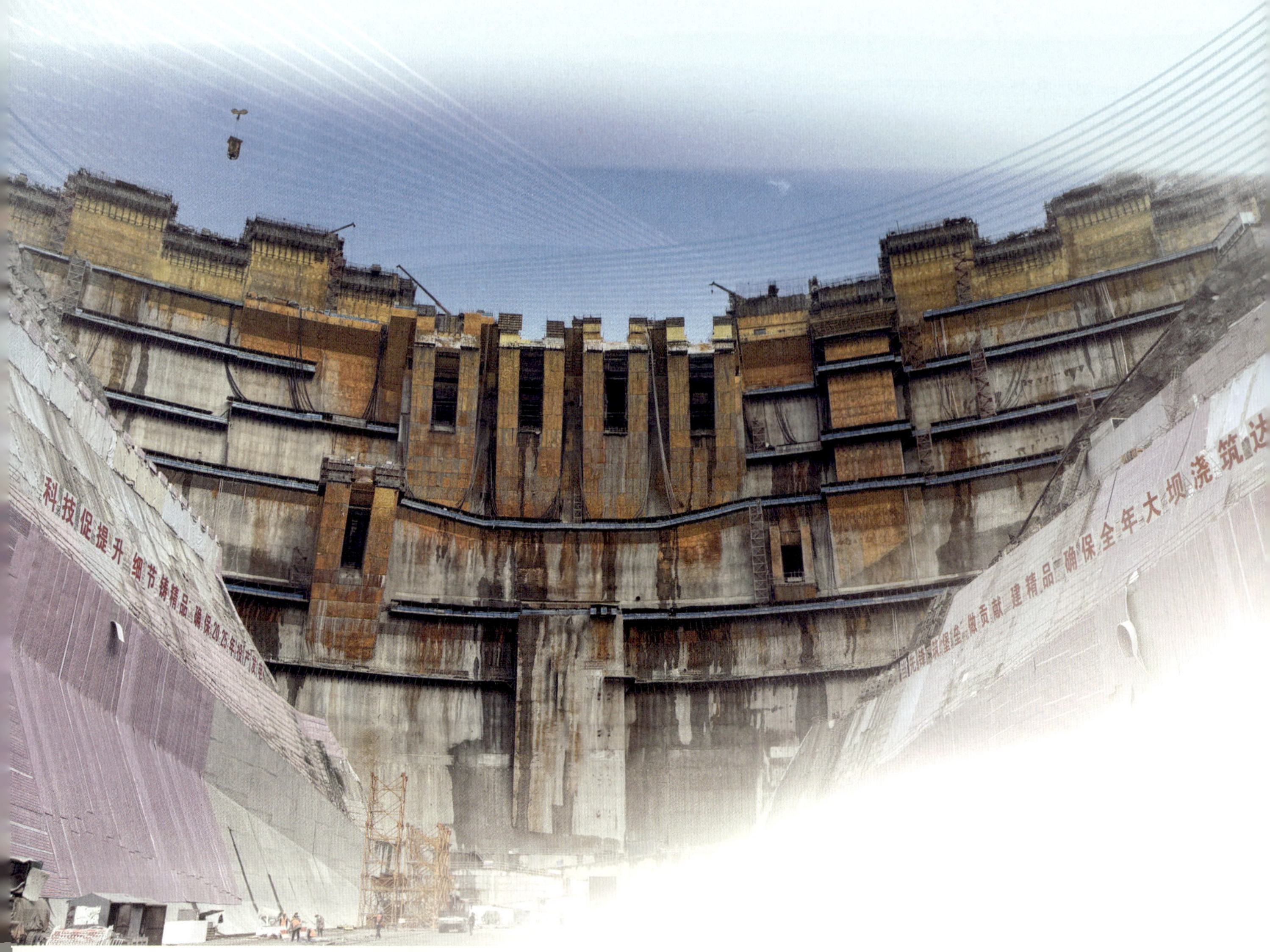

# 1 综述

## 1.1 常规水电工程

### 1.1.1 总体情况

**大型常规水电新增投产容量超 500 万 kW**。2024 年，玛尔挡、羊曲、硬梁包、银江等 5 个水电站投产 15 台机组，总容量 517 万 kW。

**在监❶大型常规水电总容量超 2300 万 kW**。截至 2024 年底，全国在监大型常规水电工程共计 21 个，总容量 2316.15 万 kW。2024 年，牙根一级、老鹰岩二级、昌波等 4 个水电工程完成质量监督注册❷，总容量 414.6 万 kW。

### 1.1.2 区域分布

在监大型常规水电工程大部分位于西部高寒、高海拔地区。工程主要分布于金沙江、大渡河、雅砻江、西南诸河等流域（表 1.1），主要分布省（自治区）为四川、西藏、青海等。

表 1.1 截至 2024 年底在监大型常规水电工程情况

| 流域 | 工程名称 | 总容量/万 kW |
|---|---|---|
| 金沙江 | 叶巴滩、拉哇、巴塘、银江、旭龙、昌波 | 860.6 |
| 大渡河 | 双江口、金川、硬梁包、沙坪一级、枕头坝二级、绰斯甲、老鹰岩二级 | 544.8 |
| 雅砻江 | 孟底沟、卡拉、牙根一级 | 372 |
| 其他河流 | 巴拉、扎拉、霍尔古吐以及西南诸河水电站等 | 538.75 |
| 合计 | | 2316.15 |

## 1.2 抽水蓄能电站工程

### 1.2.1 总体情况

**抽水蓄能新增投产容量超 700 万 kW**。2024 年，陕西镇安、辽宁清原、福建厦门、重庆蟠龙、新疆阜康、浙江宁海、浙江缙云、河北丰宁、江苏句容、河南五岳等 10 个抽水蓄能电站投产 25 台机组，总容量

---

❶ 本报告"在监"是指按照国家有关规定，在电力建设工程质量监督机构已办理质量监督注册手续，但尚未全容量投产。

❷ 根据《电力建设工程质量监督管理暂行规定》（国能发安全规〔2023〕43 号），工程开工前，建设单位应向电力质监机构提交工程质量监督注册申请。对符合规定条件的申请，电力质监机构应予受理，并于 7 个工作日内完成质量监督注册。

775 万 kW。

**在监抽水蓄能总容量超 1.2 亿 kW，年度注册规模创历史新高**。截至 2024 年底，全国在监抽水蓄能电站工程共计 93 个，总容量约 1.24 亿 kW。其中 39 个工程于 2024 年完成质量监督注册，总容量 5373 万 kW，较 2022 年和 2023 年增长显著，见图 1.1。

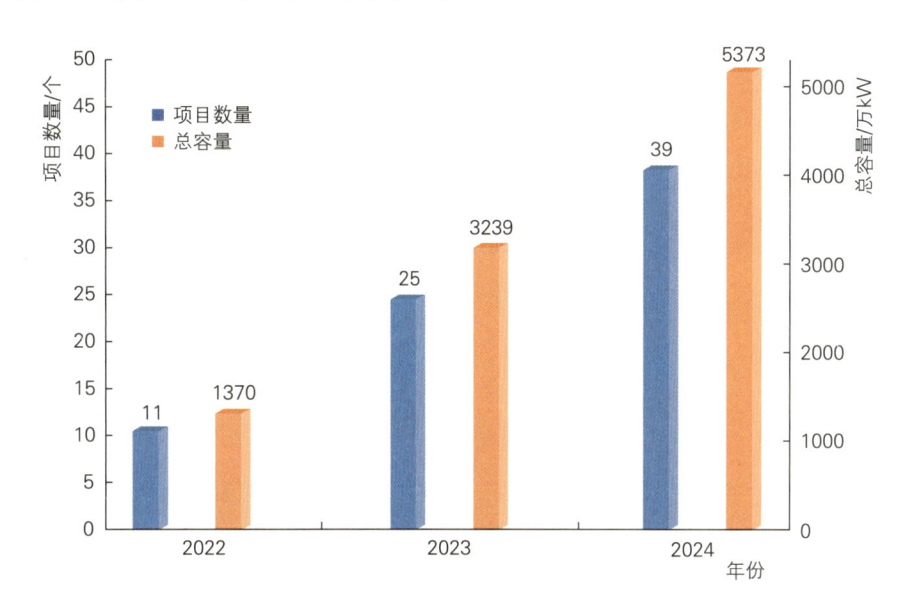

图 1.1　近 3 年抽水蓄能电站工程质量监督注册情况

### 1.2.2　区域分布

**陕西、辽宁、福建新增投产容量均超 100 万 kW**。2024 年抽水蓄能新增投产容量中，陕西（140 万 kW）、辽宁（120 万 kW）、福建（105 万 kW）、浙江（100 万 kW）合计占比 60%。

**浙江、青海、甘肃新增注册容量占比较高**。2024 年完成质量监督注册的抽水蓄能电站工程中，浙江（650 万 kW）、青海（520 万 kW）、甘肃（448 万 kW）、湖南（360 万 kW）、新疆（350 万 kW）、辽宁（310 万 kW）容量均超 300 万 kW，合计占比 50.51%，见表 1.2。

表 1.2　2024 年抽水蓄能电站工程质量监督注册情况

| 省份 | 电站名称 | 总容量/万 kW | 数量/个 |
|---|---|---|---|
| 河北 | 滦平、邢台 | 240 | 2 |
| 辽宁 | 朝阳、太子河 | 310 | 2 |
| 浙江 | 建德、桐庐、青田、江山、乌溪江 | 650 | 5 |

续表

| 省份 | 电 站 名 称 | 总容量/万 kW | 数量/个 |
|---|---|---|---|
| 安徽 | 宁国龙潭 | 120 | 1 |
| 福建 | 华安、古田溪 | 165 | 2 |
| 河南 | 林州弓上、嵩县 | 300 | 2 |
| 湖北 | 大悟、清江、通山（大幕山） | 290 | 3 |
| 湖南 | 汨罗玉池、炎陵罗萍江、辰溪 | 360 | 3 |
| 江西 | 洪屏二期、赣县 | 300 | 2 |
| 广东 | 陆河、电白 | 260 | 2 |
| 广西 | 来宾、灌阳 | 240 | 2 |
| 甘肃 | 黄龙、玉门、平川 | 448 | 3 |
| 贵州 | 贵阳、黔南 | 300 | 2 |
| 四川 | 两河口混蓄 | 120 | 1 |
| 重庆 | 奉节菜籽坝、丰都栗子湾 | 260 | 2 |
| 青海 | 贵南哇让、格尔木南山口 | 520 | 2 |
| 陕西 | 佛坪 | 140 | 1 |
| 新疆 | 布尔津、若羌 | 350 | 2 |
| 合计 |  | 5373 | 39 |

**在监抽水蓄能总容量浙江领先**。截至 2024 年底，在监抽水蓄能电站工程中，浙江（2049 万 kW）、河南（880 万 kW）、河北（760 万 kW）、青海（760 万 kW）、湖南（740 万 kW）、广东（740 万 kW）容量均超 700 万 kW，合计占比 47.80%，见表 1.3。

**表 1.3　截至 2024 年底在监抽水蓄能电站工程情况**

| 省份 | 电 站 名 称 | 总装机容量/万 kW | 数量/个 |
|---|---|---|---|
| 河北 | 易县、抚宁、尚义、滦平、灵寿、邢台 | 760 | 6 |
| 山西 | 垣曲、浑源 | 270 | 2 |
| 山东 | 潍坊、泰安二期 | 300 | 2 |
| 内蒙古 | 芝瑞、乌海 | 240 | 2 |

续表

| 省份 | 电站名称 | 总装机容量/万 kW | 数量/个 |
|---|---|---|---|
| 吉林 | 蛟河 | 120 | 1 |
| 辽宁 | 庄河、大雅河、兴城、朝阳、太子河 | 690 | 5 |
| 黑龙江 | 尚志 | 120 | 1 |
| 江苏 | 句容 | 135 | 1 |
| 浙江 | 宁海、缙云、衢江、磐安、庆元、泰顺、天台、松阳、建德、景宁、永嘉、桐庐、青田、江山、紧水滩、乌溪江 | 2049 | 16 |
| 安徽 | 桐城、石台、宁国、宁国龙潭 | 488 | 4 |
| 福建 | 云霄、永安、仙游木兰、华安、古田溪 | 605 | 5 |
| 河南 | 洛宁、五岳、鲁山、九峰山、林州弓上、嵩县 | 880 | 6 |
| 湖北 | 大悟、罗田平坦原、紫云山、清江、通山（大幕山）、团风魏家冲、竹山潘口 | 630 | 7 |
| 湖南 | 平江、汨罗玉池、安化、炎陵罗萍江、辰溪 | 740 | 5 |
| 江西 | 洪屏二期、赣县、奉新 | 420 | 3 |
| 贵州 | 贵阳、黔南 | 300 | 2 |
| 广东 | 梅州二期、浪江、中洞、水源山、陆河、电白 | 740 | 6 |
| 广西 | 来宾、南宁、灌阳 | 360 | 3 |
| 四川 | 两河口混蓄 | 120 | 1 |
| 重庆 | 奉节菜籽坝、丰都栗子湾、云阳建全 | 380 | 3 |
| 青海 | 贵南哇让、同德、格尔木南山口 | 760 | 3 |
| 甘肃 | 黄龙、玉门、张掖、平川 | 588 | 4 |
| 宁夏 | 牛首山 | 100 | 1 |
| 陕西 | 佛坪 | 140 | 1 |
| 新疆 | 哈密、布尔津、若羌 | 470 | 3 |
| 合计 |  | 12405 | 93 |

## 1.3 风电工程

### 1.3.1 总体情况

**风电新增投产容量再创新高。** 2024 年，风电新增投产容量 7983 万 kW，其中陆上风电 7579 万 kW、海上风电 404 万 kW，同比增长 6%，占全国风电累计投产容量的 15%。

**风电新增注册容量超 1.2 亿 kW**。2024 年，570 个规模以上陆上风电项目❶完成质量监督注册，总容量 11151 万 kW；16 个海上风电项目完成质量监督注册，总容量 884 万 kW。

**在监风电总容量超 1.5 亿 kW**。截至 2024 年底，在监规模以上陆上风电项目共 731 个，总容量 14109 万 kW；在监海上风电项目共 22 个，总容量 1374 万 kW。

### 1.3.2 区域分布

**陆上风电新增投产以"三北"地区为主，海上风电主要分布在广东、广西、海南**。2024 年，东北、华北、西北地区陆上风电新增投产容量超 5600 万 kW，约占全国陆上风电新增投产容量的 75%；广东、广西、海南海上风电新增投产容量超 280 万 kW，约占全国海上风电新增投产容量的 70%。

**内蒙古、新疆、河北陆上风电新增注册容量占比较高**。2024 年完成质量监督注册的规模以上陆上风电项目中，内蒙古（2338 万 kW）、新疆（2151 万 kW）、河北（1066 万 kW）容量均超 1000 万 kW，合计占比约 50%，见图 1.2。

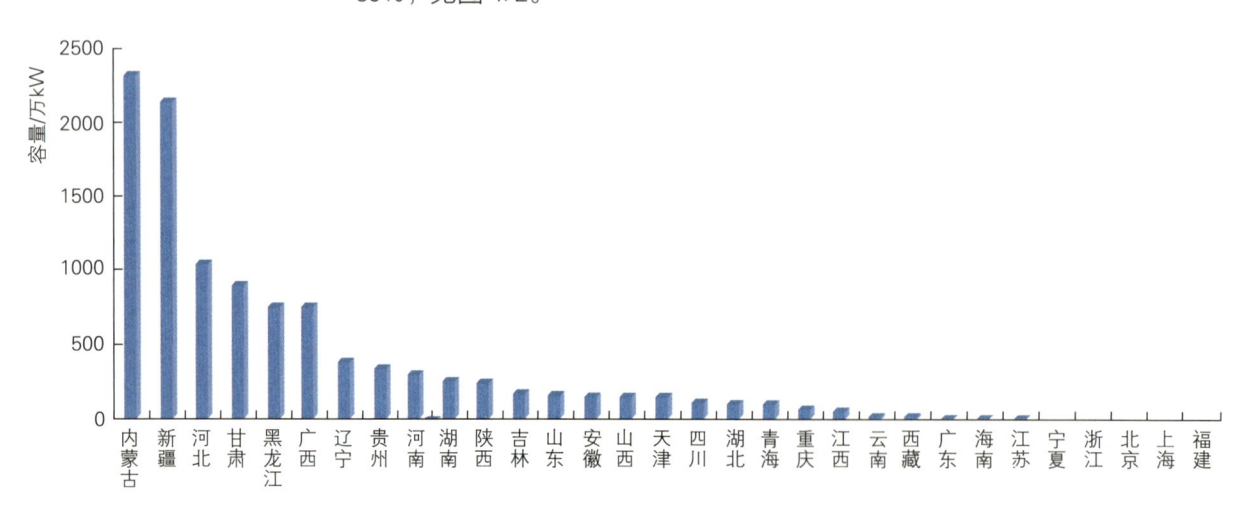

图 1.2　2024 年规模以上陆上风电项目质量监督注册情况

**海南等五省海上风电新增注册容量均超 100 万 kW**。2024 年完成质量监督注册的海上风电项目中，海南（240 万 kW）、江苏（165.56 万 kW）、福建（115 万 kW）、山东（105.45 万 kW）、浙江（100.4 万 kW）容量均超 100 万 kW，见表 1.4。

---

❶ 根据《电力建设工程质量监督管理暂行规定》（国能发安全规〔2023〕43 号），规模以上陆上风电项目是指装机容量 50MW 及以上的集中式陆上风力发电项目。

表1.4　2024年海上风电项目质量监督注册情况

| 省份 | 工 程 名 称 | 总容量/万kW | 数量/个 |
|---|---|---|---|
| 山东 | 山东半岛L场址、海卫半岛南U场址、渤中海上风电基地B1 | 105.45 | 3 |
| 江苏 | 江苏大丰800MW、大丰85万千瓦 | 165.56 | 2 |
| 上海 | 金山海上风电场一期 | 30.6 | 1 |
| 浙江 | 瑞安1号、玉环2号、苍南1# | 100.4 | 3 |
| 福建 | 平潭A区、连江外海 | 115 | 2 |
| 广东 | 南澳勒门I、16.6MW漂浮式 | 37.06 | 2 |
| 广西 | 钦州海上风电 | 90 | 1 |
| 海南 | 儋州120万千瓦、CZ2海上风电 | 240 | 2 |
| 总计 |  | 884.07 | 16 |

**在监陆上风电总容量内蒙古、新疆、甘肃、广西、辽宁占比较高。**截至2024年底，在监规模以上陆上风电项目中，内蒙古（3383万kW）、新疆（2251万kW）、甘肃（1266万kW）、广西（1149万kW）、辽宁（1071万kW）容量均超1000万kW，合计占比约65%，见图1.3。

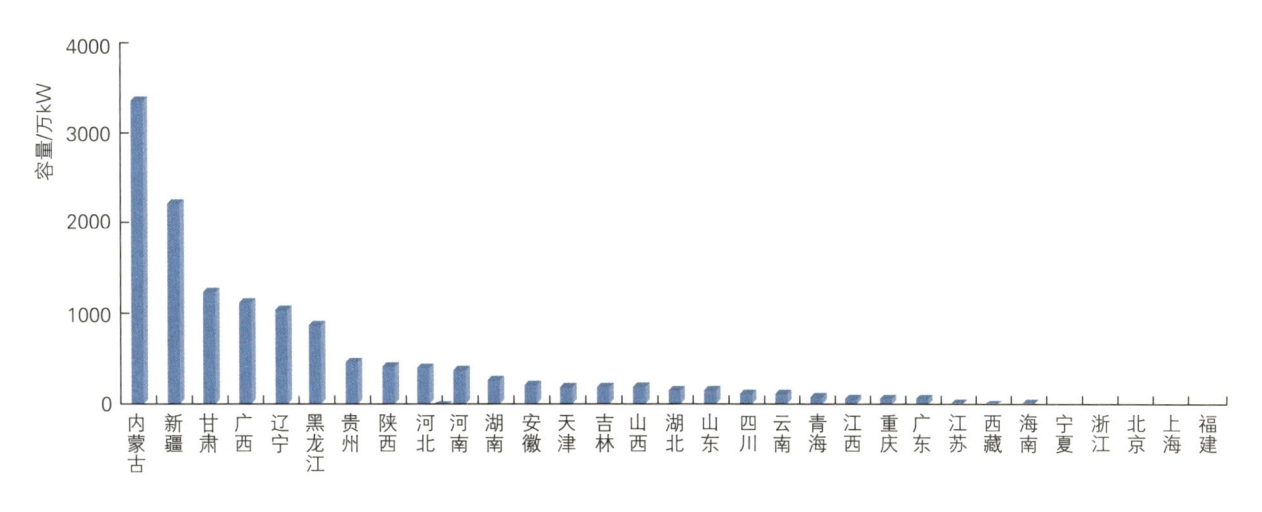

图1.3　截至2024年底在监规模以上陆上风电项目容量

**在监海上风电总容量广东等三省均突破200万kW。**截至2024年底，在监海上风电项目中，广东（335.32万kW）、海南（310万kW）、山东（201.55万kW）容量均超过200万kW，见表1.5。

表 1.5　截至 2024 年底在监海上风电项目情况

| 省份 | 工程名称 | 总容量/万 kW | 数量/个 |
|---|---|---|---|
| 辽宁 | 庄河海上风电场址 V | 25.9 | 1 |
| 山东 | 山东半岛 L 场址、渤中 I 场址、渤中海上风电 G 场址、渤中海上风电基地 B1 | 201.55 | 4 |
| 江苏 | 大丰 85 万千瓦、大丰 800MW | 165.56 | 2 |
| 上海 | 金山海上风电场一期 | 30.6 | 1 |
| 浙江 | 瑞安 1 号、玉环 2 号、苍南 1# | 100.4 | 3 |
| 福建 | 平潭 A 区、连江外海 | 115 | 2 |
| 广东 | 南澳勒门 I、阳江帆石一、青洲五、青洲七 | 335.32 | 4 |
| 广西 | 钦州海上风电 | 90 | 1 |
| 海南 | 东方 CZ8 场址 50 万千瓦、CZ2 海上风电、儋州 120 万千瓦、万宁漂浮式 | 310 | 4 |
| 总计 | | 1374.33 | 22 |

## 1.4 太阳能发电工程

### 1.4.1 总体情况

**太阳能发电新增投产容量再创新高**。2024 年，太阳能发电新增投产容量 2.78 亿 kW，同比增长 28%，其中集中式光伏发电 1.59 亿 kW、分布式光伏发电 1.18 亿 kW、光热发电 25 万 kW。

**光伏发电新增注册容量超 1.7 亿 kW**。2024 年，1017 个规模以上光伏发电项目❶完成质量监督注册，总装机容量 1.75 亿 kW。

**在监光伏发电总容量超 2.3 亿 kW**。截至 2024 年底，在监规模以上光伏发电项目共 1257 个，总容量约 2.34 亿 kW。

### 1.4.2 区域分布

**新疆等五省（自治区）集中式光伏发电新增投产容量均超 1000 万 kW**。2024 年，集中式光伏发电新增投产容量中，新疆（2659.4 万 kW）、内蒙古（2321.3 万 kW）、云南（1495.3 万 kW）、河北（1270.5 万 kW）、青海（1083.5 万 kW）均超 1000 万 kW，合计占比 55.40%，见图 1.4。

---

❶ 根据《电力建设工程质量监督管理暂行规定》（国能发安全规〔2023〕43 号），规模以上光伏发电项目是指装机容量 50MW 及以上的集中式光伏发电项目。

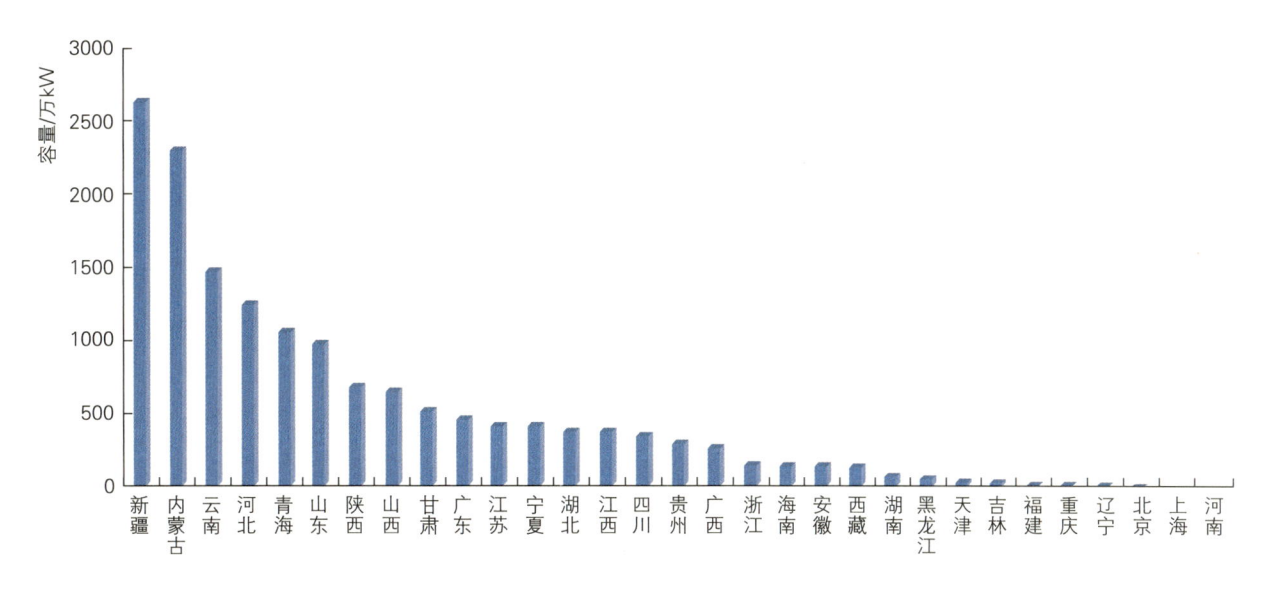

图 1.4  2024 年各省份集中式光伏发电新增投产容量

**江苏等三省分布式光伏发电新增投产容量均超 1000 万 kW。** 2024 年，分布式光伏发电新增投产容量中，江苏（1797.4 万 kW）、浙江（1204 万 kW）、广东（1115.9 万 kW）均超 1000 万 kW，合计占比 34.84%，见图 1.5。

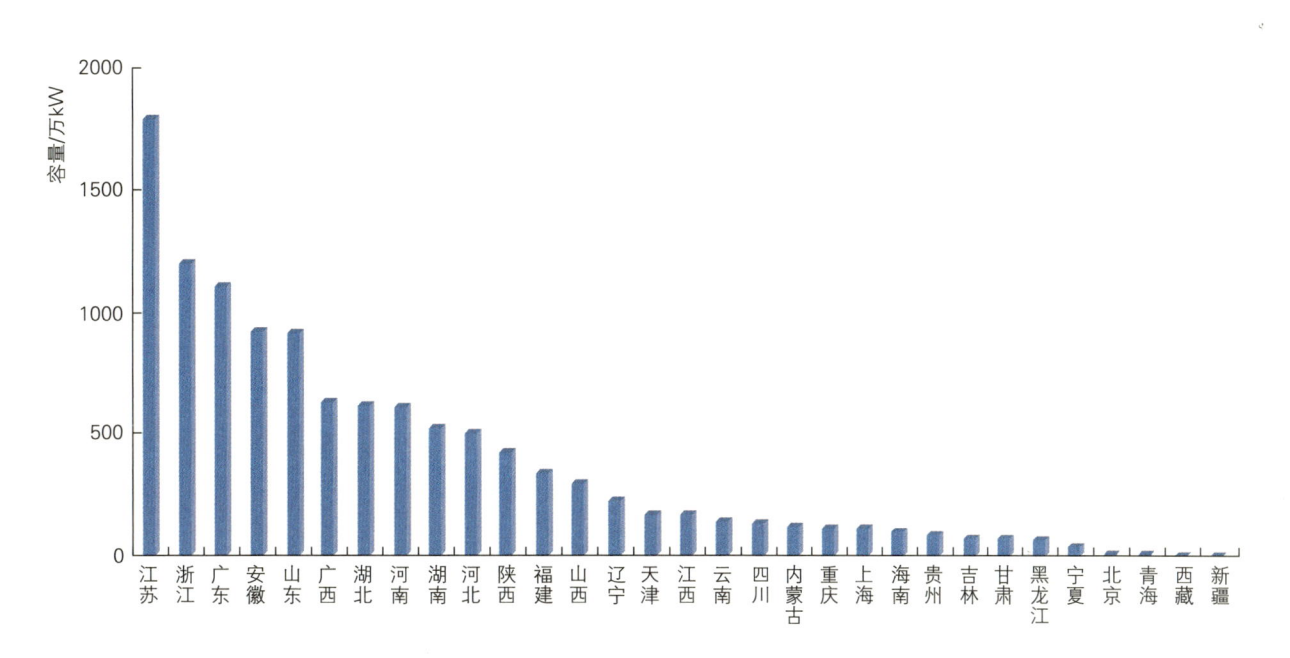

图 1.5  2024 年各省份分布式光伏发电新增投产容量

**内蒙古等五省（自治区）光伏发电新增注册容量占比较高。** 2024 年完成质量监督注册的规模以上光伏发电项目中，内蒙古（2660 万 kW）、新疆（2611 万 kW）、云南（1878 万 kW）、河北（1166 万 kW）、江苏（1163 万 kW）容量均超 1000 万 kW，合计占比 51.61%，见图 1.6。

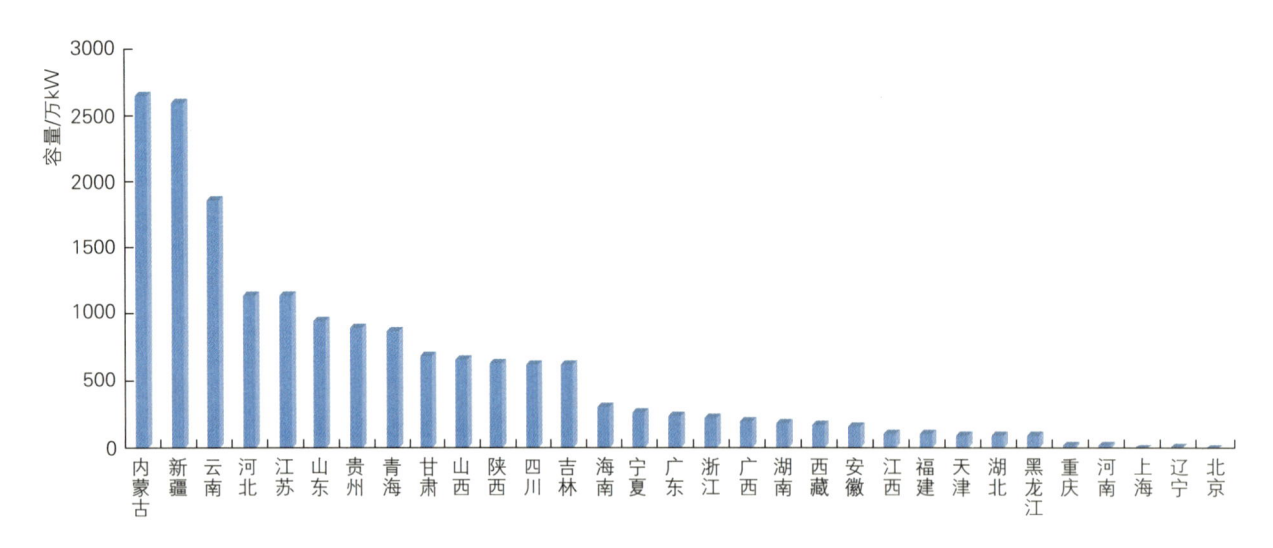

图 1.6　2024 年规模以上光伏发电项目质量监督注册情况

**在监光伏发电总容量内蒙古、云南、贵州、广东、新疆、江苏占比较高**。截至 2024 年底，在监规模以上光伏发电项目中，内蒙古（2724 万 kW）、云南（2063 万 kW）、贵州（1711 万 kW）、广东（1711 万 kW）、新疆（1640 万 kW）、江苏（1548 万 kW）、陕西（1373 万 kW）、山东（1279 万 kW）、河北（1063 万 kW）、山西（1019 万 kW）容量均超 1000 万 kW，合计占比 68.36%，见图 1.7。

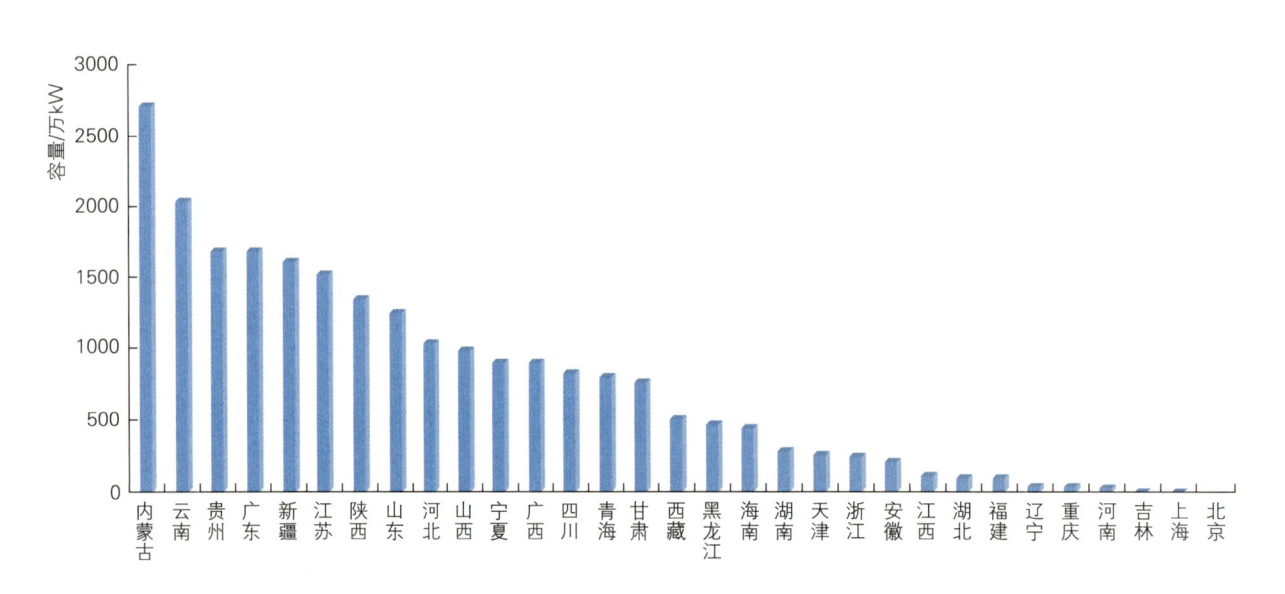

图 1.7　截至 2024 年底在监规模以上光伏发电项目容量

**在建光热发电项目分布在西部四省和吉林**。截至 2024 年底，在建光热发电项目共 24 个，其中新疆 12 个、青海 5 个、甘肃 4 个、西藏 1 个、吉林 2 个，总容量 245 万 kW，见表 1.6。

表 1.6　截至 2024 年底在建光热发电项目情况

| 省份 | 项目名称 | 容量/万 kW | 数量/个 |
|---|---|---|---|
| 西藏 | 中广核阿里"零碳" | 5 | 1 |
| 青海 | 青海青豫直流外送项目（1 标段）、青海青豫直流外送项目（3 标段）、三峡能源海西基地格尔木、中广核德令哈 200MW 塔式、海南州共和县光热多能互补 | 60 | 5 |
| 甘肃 | 瓜州 70 万千瓦"光热储能＋"、国能敦煌"光热＋"、金塔中光太阳能"10 万千瓦光热＋60 万千瓦光伏"、阿克塞县 50MW 高温熔盐槽式光热 | 35 | 4 |
| 吉林 | 鲁固直流 140 万千瓦外送项目 1（光热 100MW）、鲁固直流 140 万千瓦外送项目 2－1（光热 100MW） | 20 | 2 |
| 新疆 | 鲁能阜康光热多能互补、中能建哈密光（热）储、三峡新能源哈密 100 万 kW 一体化、大唐石城子 100 万 kW 一体化、托克逊县乌斯通一体化、海泰新能一体化、国电投河南分一体化、中能建浙火一体化、国投若羌、中电建若羌、新华水电博州、精河新华一体化 | 125 | 12 |
| 合计 |  | 245 | 24 |

## 1.5 生物质发电工程

### 1.5.1 总体情况

近 3 年生物质发电新增投产容量逐年下降。农林生物质发电项目因原料价格上涨及国家补贴退坡等原因，开发投资意愿降低；生活垃圾焚烧发电项目逐渐进入饱和期，自 2021 年快速发展期后，生活垃圾焚烧发电在建和投产项目数量出现较大回落。2024 年生物质发电新增投产容量仅 185 万 kW，下降明显，见图 1.8。

### 1.5.2 区域分布

生物质发电项目建设重点转向西部地区。截至 2024 年底，生物质发电项目建设以生活垃圾焚烧发电项目为主，云南、甘肃、重庆、广西等西部省（自治区、直辖市）占比逐渐增大。

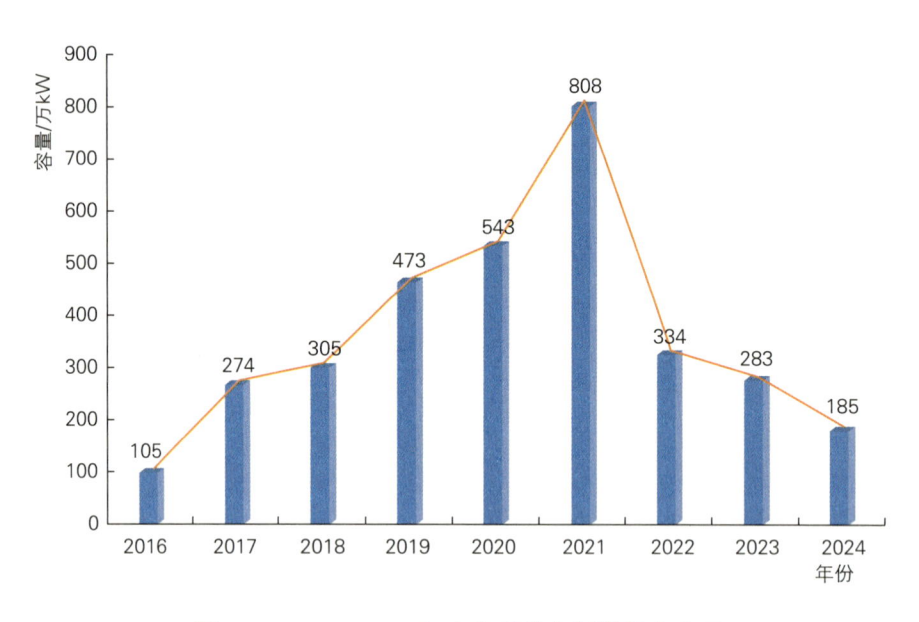

图 1.8　2016—2024 年生物质发电新增投产容量

## 1.6 新型储能工程

### 1.6.1 总体情况

**新型储能新增投产容量快速增长。** 2024 年，新型储能新增投产容量 4237 万 kW/9313 万 kWh，新增投产功率规模同比增长超 130%。截至 2024 年底，全国新型储能项目投产容量持续扩大，累计达 7376 万 kW/1.68 亿 kWh，功率规模首次超过抽水蓄能，见图 1.9。

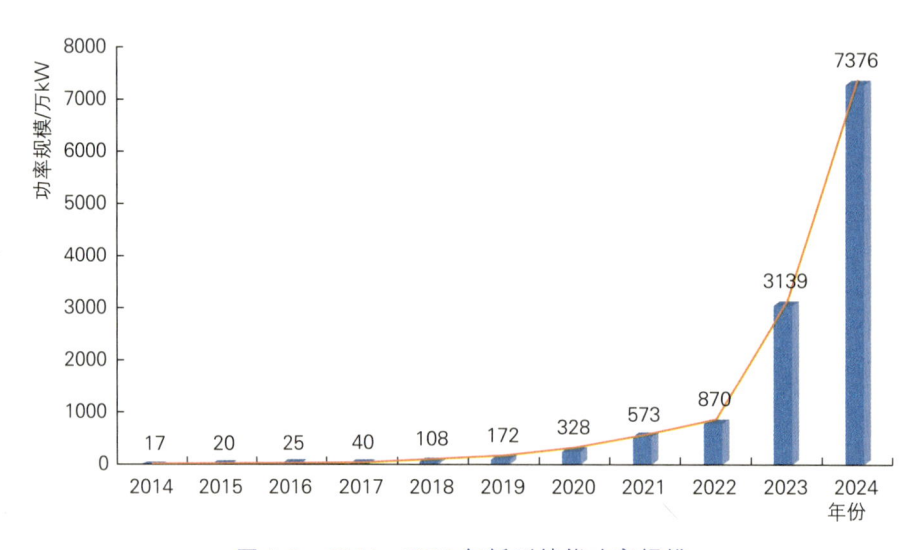

图 1.9　2014—2024 年新型储能功率规模

### 1.6.2 区域分布

**内蒙古功率规模率先突破 1000 万 kW，新疆、内蒙古能量规模突破 2000 万 kWh。** 截至 2024 年底，内蒙古（1023 万 kW）、新疆（857 万

kW）、山东（717万kW）、江苏（562万kW）累计投产功率规模均超500万kW；新疆（2871万kWh）、内蒙古（2439万kWh）、山东（1555万kWh）、江苏（1195万kWh）累计投产能量规模均超1000万kWh，见图1.10。

图 1.10 前五省（自治区）新型储能累计投产容量

# 2 工程建设特点

## 2.1 常规水电工程

**在建特高坝建设条件复杂、技术难度大。** 2024年，叶巴滩双曲拱坝（最大坝高217m）、拉哇混凝土面板堆石坝（最大坝高239m）、双江口砾石土心墙堆石坝（最大坝高317m）等特高坝均处在建设高峰期，工程枢纽区地形、地质、气候条件复杂，坝基处理、洞室围岩稳定、库岸治理、坝体混凝土温控防裂、施工期防洪度汛等技术难度大。

**工程位置偏远，交通运输条件差。** 在建常规水电工程多位于西部高山峡谷地区，建设地点偏远，交通不便，大型施工机械、工程大件设备、大宗原材料等运输距离远、成本高，且运输易受季节、气候、天气变化等影响，尤其是冬季、雨季因道路冰冻、滑坡、坍塌等可能导致交通阻断，影响工程建设。

**料源供应及料场边坡处理是特高堆石坝工程建设的关键。** 双江口、拉哇等特高堆石坝土石方填筑总量大、填筑强度高。2024年，双江口大坝最大月填筑量153万 $m^3$，年累计填筑量1680万 $m^3$，料场边坡最大高度460m；拉哇大坝连续多月填筑量突破100万 $m^3$，年累计填筑量850万 $m^3$，料场边坡最大高度398m。提升料场开采石料利用率和料源供应能力、控制填筑料质量、保证料场开挖后高边坡长期安全稳定是工程建设的关键。

## 2.2 抽水蓄能电站工程

**西部项目建设条件趋于复杂。** 随着抽水蓄能开发建设快速发展，西部地区部分建设条件相对复杂的工程陆续开工建设，青海哇让、青海同德等项目面临高海拔、高寒挑战；甘肃张掖、新疆若羌等项目所处地区地震烈度高，部分项目面临穿越活动断层或距活动断层较近的问题；新疆布尔津等项目位置偏远，设备材料运输成本高。

**项目施工工期呈缩短趋势。** 随着建设技术创新、施工装备升级，管理精细化与标准化水平提升，抽水蓄能电站地下洞室开挖支护、大坝填筑、压力钢管制作安装、机组安装调试的施工工期呈缩短趋势，工程建设效率逐步提高。

**高水头电站广泛应用高强结构钢。** 浙江天台等在建抽水蓄能电站最高额定水头超700m，对压力钢管、机组蜗壳等承压部件钢材的强度、韧性等性能提出了更高要求。800MPa级高强度结构钢已在抽水蓄能电站工程中广泛应用，1000MPa级高强度结构钢开始投入应用，焊材国产化不断取得突破。

**水轮机制造安装要求进一步提高。** 随着抽水蓄能机组向超高水头、高转速和大单机容量方向发展，新修订的《混流式水泵水轮机基本技术条件》（GB/T 22581）、《水轮发电机组安装技术规范》（GB/T 8564）等标准对水轮发电机组重要部件的制作安装质量要求进一步提高。

## 2.3 风电工程

**陆上风电 5MW、6MW 级风电机组占主流。** 2024 年完成质量监督注册的规模以上陆上风电项目中，5MW 级风电机组占比 34%，6MW 级风电机组占比 33%，合计占比 67%；10MW 级及以上风电机组占比 14%，见图 2.1。个别项目设计拟建最大单机容量达到或超过了 20MW（尚在研发周期内，多为测试认证样机），其中 16.2MW 风电机组完成了基础施工。陆上风电项目各省份平均单机容量普遍超 5MW，其中内蒙古（8.67MW）、新疆（8.07MW）、山东（7.25MW）均超 7MW，见图 2.2。

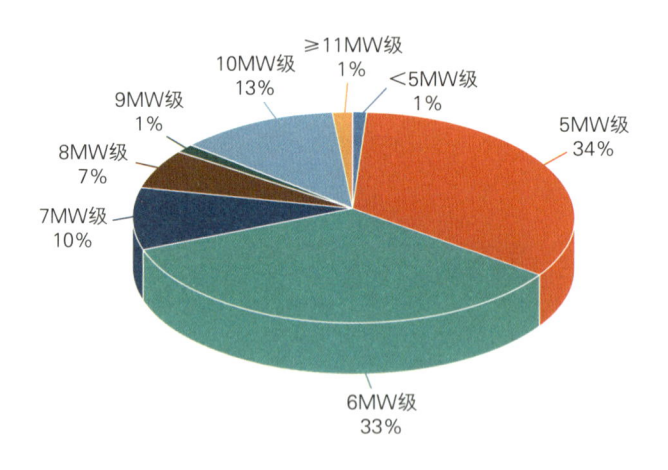

图 2.1　2024 年新增注册规模以上陆上风电项目单机容量级别占比

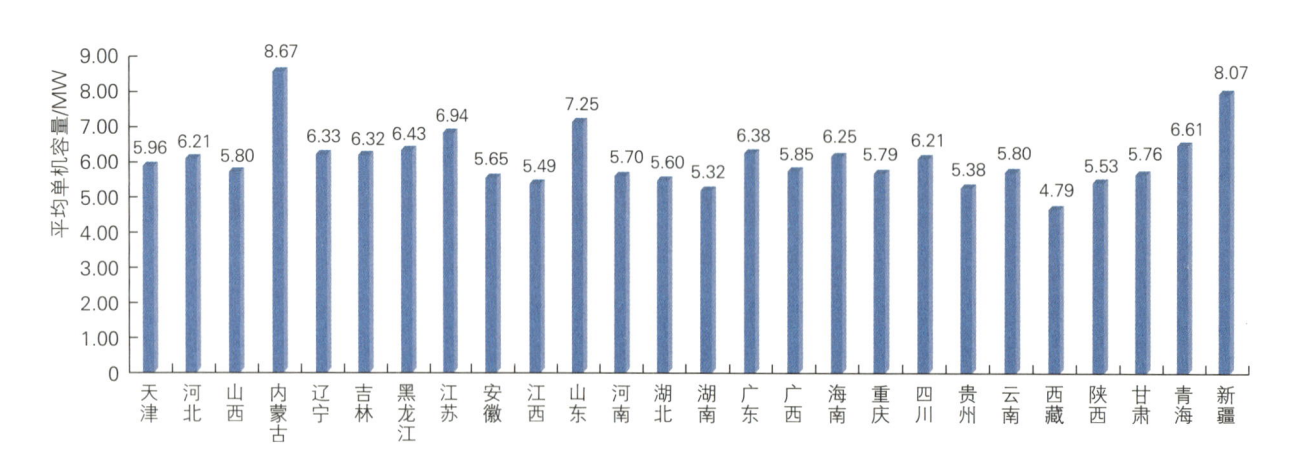

图 2.2　2024 年各省份新增注册规模以上陆上风电项目平均单机容量

**海上风电 8MW、10MW 级风电机组占主流。** 2024 年完成质量监督注册的海上风电项目中，8MW 级风电机组占比 41%，9MW 级风电机组占比 10%，10MW 级风电机组占比 19%，12MW 级及以上风电机组占比

29%，个别项目设计拟建最大单机容量达 18MW，见图 2.3。大容量风机发展趋势在海上风电领域较为明显。

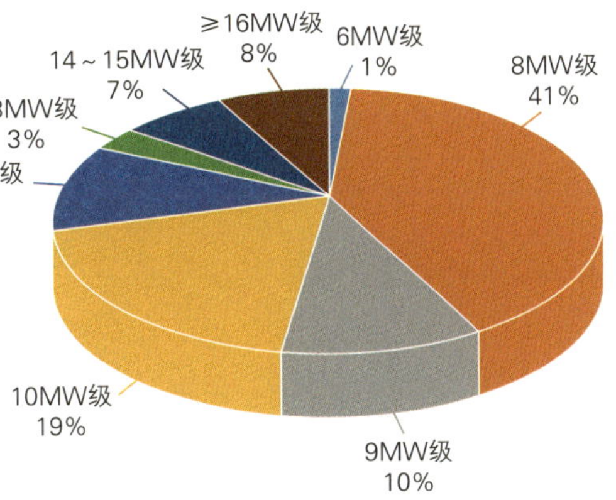

图 2.3　2024 年新注册海上风电项目单机容量级别占比

**陆上风电叶轮直径主要集中在 190～230m，海上风电叶轮直径主要集中在 220～260m**。2024 年完成质量监督注册的陆上风电项目中，叶轮直径在 190（含 190）～210m 的占比超 60%、210（含 210）～230m 的占比超 20%；海上风电项目中，叶轮直径在 220（含 220）～240m 的占比超 50%、240（含 240）～260m 的占比超 40%，见图 2.4。随着材料、制造技术的持续进步，风电机组仍呈现向大尺寸发展的趋势，海上风电尤为明显，个别项目设计拟建机组最大叶轮直径达 258m。

**混合塔架在陆上风电持续推广应用**。2024 年，570 个规模以上陆上风电项目完成质量监督注册，建设 16579 台风电机组，总容量 11151 万 kW，其中"混凝土-钢混合塔筒"项目 189 个（占比 33.2%），建设 5080 台风电机组（占比 30.9%）、总容量 3402.6 万 kW（占比 30.5%）。从省份分布来看，新增注册混塔项目数超过 20 个的省份有 3 个，分别是河北（43 个）、河南（27 个）、黑龙江（22 个）；从纯混凝土塔段高度来看，主要集中在 120～140m（占比 46.4%），最大高度为 158.4m。

**陆上风电"以大代小"改造升级有序推进**。在国家政策引领下，辽宁、宁夏、河北、广东、海南等省份陆续开展风电场"以大代小"增容改造。2024 年，国家能源局审批通过了 15 个省（自治区、直辖市）共 116 个风电场改造项目，改造前后装机规模分别为 485.6 万 kW、821.9 万 kW。

**海上风电项目中心离岸距离主要集中在 15～35km 近海区域，逐步走向深远海**。2024 年完成质量监督注册的海上风电项目中，项目中心离岸距

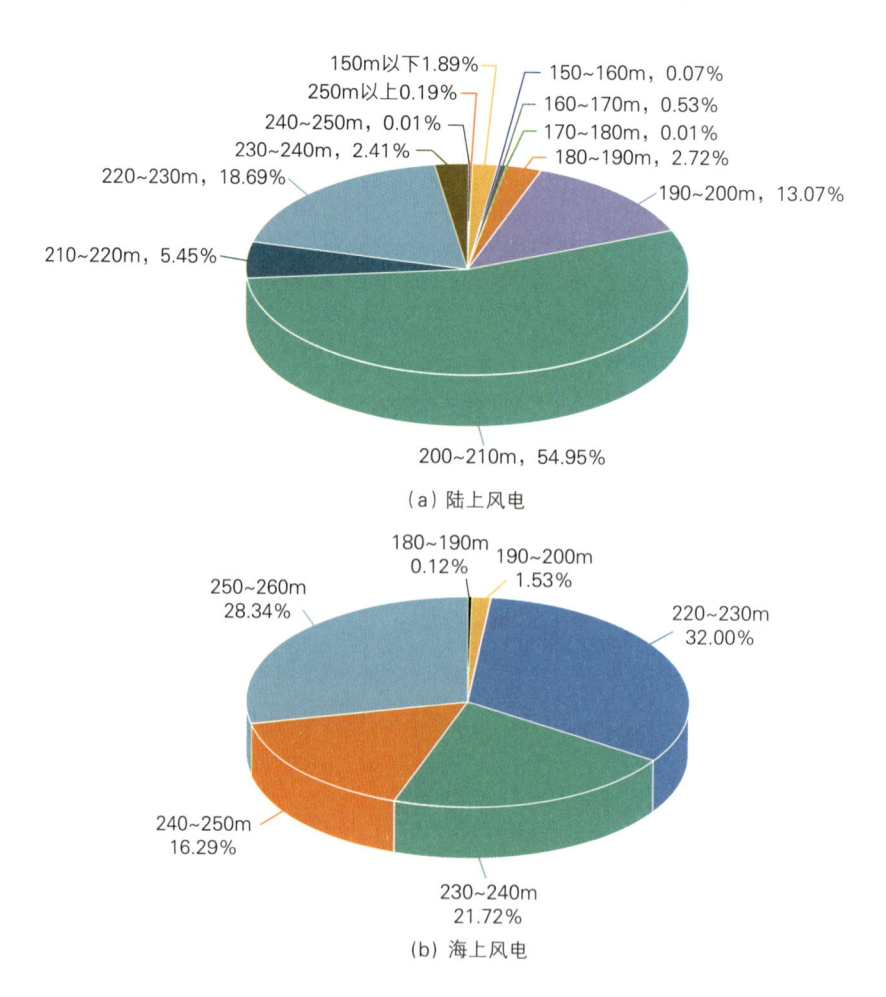

图 2.4　2024年新注册陆上风电、海上风电项目叶轮直径占比

离在 15～35km 的数量占比约 75%（图 2.5）；深远海区域风能资源更丰富、风速更稳定，随着技术进步，海上风电逐步向离岸 50km 以上的深远海区域发展。其中，三峡能源江苏大丰 800MW 海上风电项目共设 4 个场

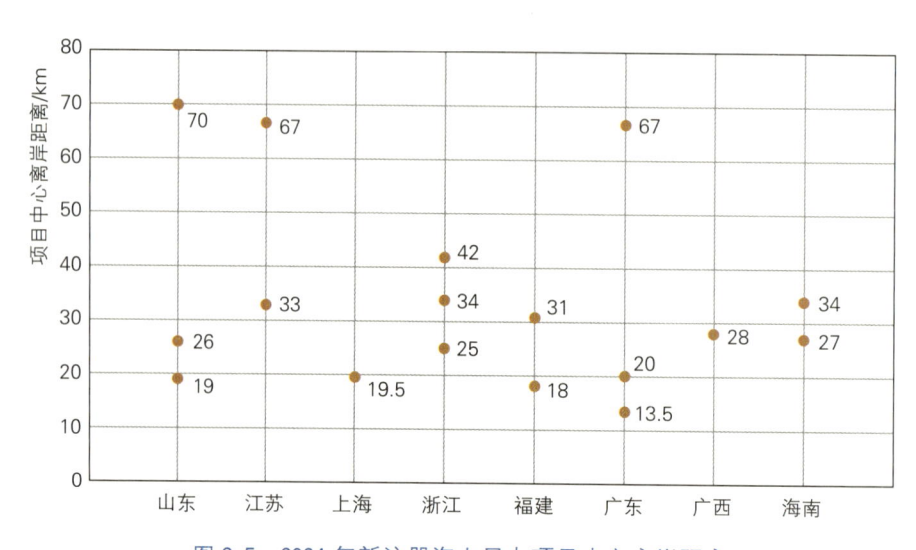

图 2.5　2024年新注册海上风电项目中心离岸距离

址，项目中心离岸距离 67km，最远场址中心离岸距离 80km，最远机位点离岸距离 85.5km，是我国当前场址中心离岸距离最远的海上风电项目。

**海上风电机组基础型式具有区域分布特征**。受不同海域水深等地质条件因素的影响，2024 年，16 个海上风电项目完成质量监督注册，建设 847 台海上风电机组，基础主要以单桩、导管架基础型式为主，其中单桩基础占比约 75.20%，主要分布在山东、江苏和海南；导管架基础占比约 24.68%，主要分布在浙江、福建和广东，见图 2.6。

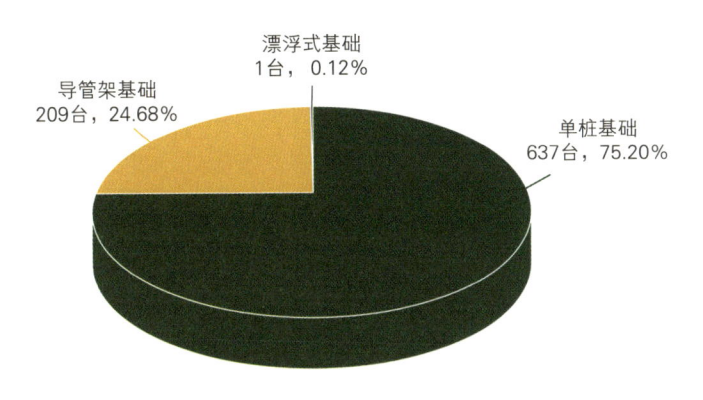

图 2.6 海上风电机组基础类型占比

## 2.4 太阳能发电工程

**N 型组件加速替代，182 组件占比高**。2024 年，N 型技术因低衰减、高双面率、低温度系数等优点，已成为主流技术。2024 年完成质量监督注册的规模以上光伏发电项目中，182 组件主流尺寸 2278mm×1134mm、2382mm×1134mm 占比 70% 以上，210 组件主流尺寸 2384mm×1303mm 占比约 15%。其中，单块组件最大功率为 715Wp，采用 N 型异质结高效双面双玻单晶硅组件。

**组串式逆变器单台额定功率逐步增大**。2024 年完成质量监督注册的规模以上光伏发电项目中，光伏逆变器以组串式为主流类型，总容量占比 80% 以上，组串式逆变器单台功率主要为 300kW 和 320kW。

**固定式光伏支架材质以热镀锌镁铝为主**。2024 年完成质量监督注册的规模以上光伏发电项目中，固定式光伏支架总容量占比 95% 以上；支架材质以热镀锌镁铝为主，占比 90% 以上。

**光热发电项目聚光形式以塔式为主，设计储热时长主要为 8h**。截至 2024 年底，在建的 24 个光热发电项目中，塔式总容量占比约 83.67%（图 2.7）；设计储热时长 6~16h，8h 项目数量占比 62.5%；定日镜为非标准化产品，单块定日镜规格主要为 30~50m$^2$。

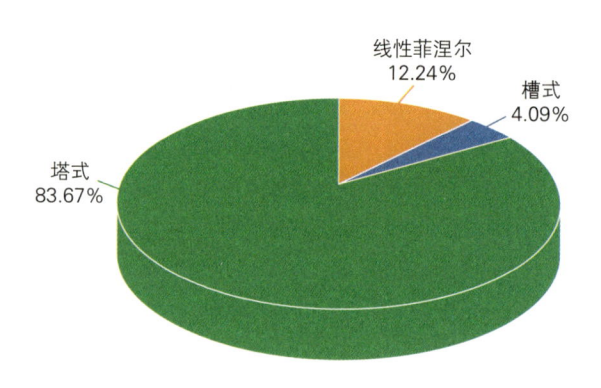

图 2.7　在建光热发电项目聚光形式

## 2.5 生物质发电工程

**生活垃圾焚烧发电项目小型化**。截至 2024 年底，在建生活垃圾焚烧发电项目中，垃圾处理能力 300～500t/d 的项目占比近半，主要采用"一炉一机"，机组容量呈减小趋势。

## 2.6 新型储能工程

**新型储能主要集中在电源侧、电网侧，逐步呈现大型长时趋势**。截至 2024 年底，已投产的新型储能电站主要集中在电源侧、电网侧，占比超 90%；功率规模 10 万 kW 及以上项目占比 62.3%（较 2023 年提高约 10%）；储能时长 4h 及以上项目容量占比 15.4%（较 2023 年提高约 3%），2～4h 项目容量占比 71.2%，不足 2h 项目容量占比 13.4%。

**电化学储能电站仍以锂离子电池为主，其他技术路线稳步发展**。截至 2024 年底，已投产的电化学储能电站磷酸铁锂电池仍占据绝对主导地位，占比约 96%。2024 年新投产的磷酸铁锂电池储能电站主流电芯容量已从 280Ah 增大至 314Ah；电池消防策略从簇级升级到 Pack 级，消防介质从七氟丙烷过渡到全氟己酮，电池冷却技术由液冷逐步代替风冷，阻抗谱等消防早期预警技术得到探索应用。采用钠离子等其他电化学技术路线的储能电站实现百兆瓦级示范运行。

**电化学储能单元建设形式以预制舱为主，系统集成技术不断升级**。电化学储能单元以预制舱建设形式为主，设备系统在厂家装配集成，储能单元储能变流器（PCS）直流侧额定电压由 1000V 升高至 1500V。高压级联储能单元无须升压变压器，单个储能单元容量大，系统效率高，实现百兆瓦级电站投运。

**压缩空气储能规模化应用趋势显现**。2024 年，完成质量监督注册的压缩空气储能项目共 7 个，总容量 291 万 kW/1200 万 kWh，包括 6 台 300MW、3 台 350MW 和 1 台 60MW 膨胀发电机组；设计储能时长最高为 16h，设计释能时长最高为 10h，系统设计效率普遍超 70%；采用盐穴储气库的项目有 4 个（最大设计有效容积 120 万 $m^3$、最高设计压力 19.1MPa），采用洞室储气库的项目有 2 个（最大设计有效容积 21.5 万 $m^3$、最高设计压力 18MPa），采用钢储气罐的项目有 1 个（最大设计有效容积 0.32 万 $m^3$，采用液态压缩空气储能）。

# 3 工程建设技术

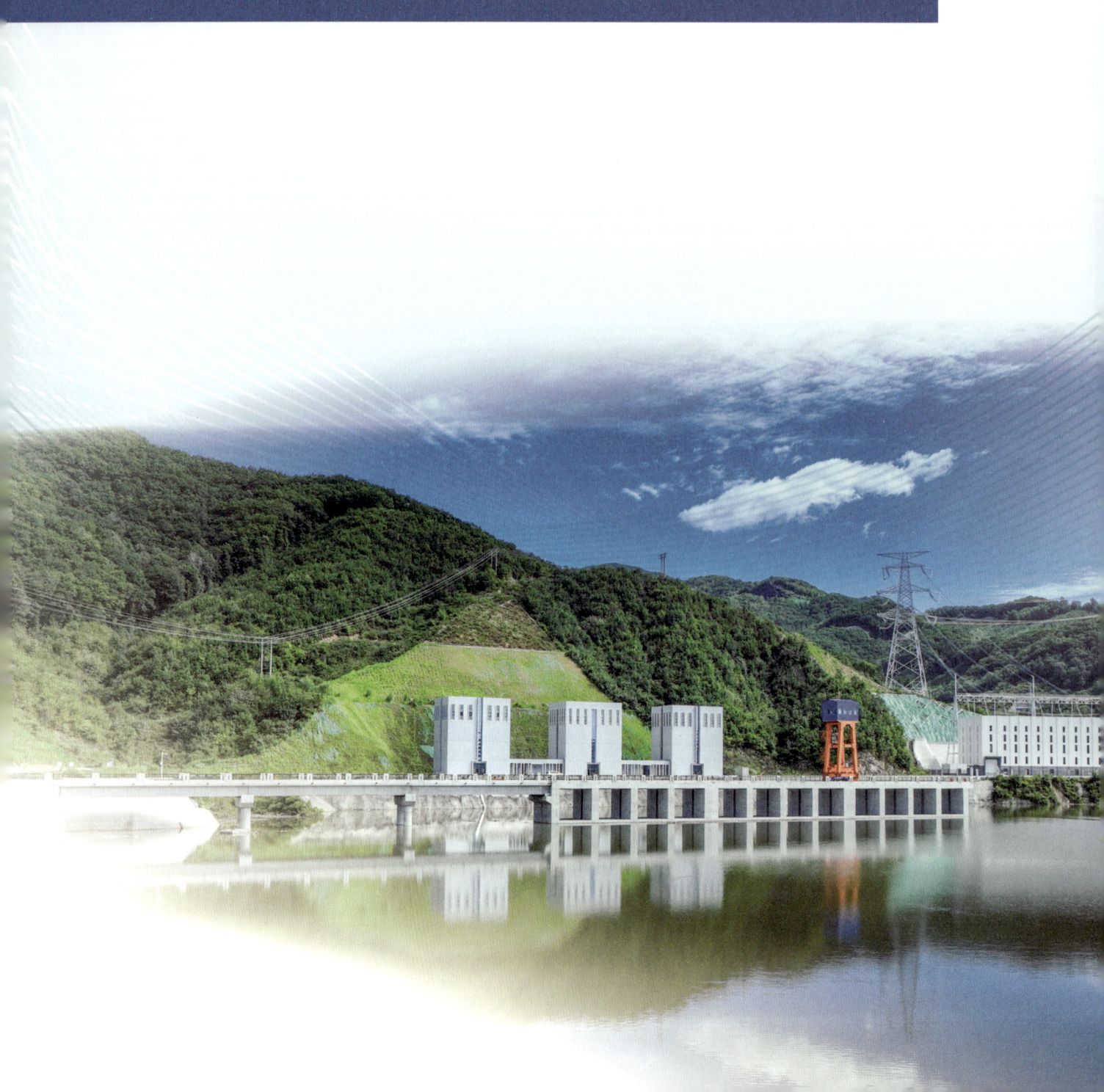

## 3.1 工艺工法

2024年，可再生能源发电建设工程不断改进、创新工艺工法，助推施工效率的提高及施工质量的提升。

### 3.1.1 水电工程

**正反井结合工法助力超深竖井安全高质量开挖。** 正反井结合工法充分融合正反井施工的不同优势，采用正井法完成上部调压井开挖、反井法完成下部引水竖井开挖，同时采取伞钻钻爆破孔、风水管线智能巡检、钢丝绳传感监测、一体化锚喷支护等措施，缩短关键线路开挖工期，提高施工机械化程度和作业效率，保障大直径超深竖井施工质量及安全。调压井井口提升装置及伞钻作业见图3.1。

图 3.1 调压井井口提升装置及伞钻作业

**高地应力岩锚梁开挖工法有效提高开挖质量。** 针对地下厂房岩锚梁施工面临的高地应力引起的围岩稳定、岩台成型等技术问题，在岩台周边设置应力释放孔，对地质条件较差的部位进行超前固结灌浆，并采用玄武岩纤维锚杆进行超前锚固，增加岩体完整性，提高岩台开挖成型质量。岩锚梁开挖成型效果见图3.2。

图 3.2 岩锚梁开挖成型效果

**底拱横向滑模全圆衬砌工艺保障高速水流区混凝土质量**。针对施工缝、底拱易出现错台、蜂窝、麻面、漏浆、气泡等质量问题，采用底部横向滑模全圆衬砌台车，在底拱混凝土浇筑后及时进行底部模板横向滑动并进行人工处理，边顶拱继续采用全圆衬砌台车浇筑，有力保障泄洪建筑物高速水流区混凝土质量。泄洪建筑物混凝土质量效果见图3.3。

图3.3 泄洪建筑物混凝土质量效果（平整密实）

### 3.1.2 风电工程

**陆上风电混凝土塔筒环氧胶施工工艺保证座浆密实度**。针对混凝土塔筒水平座浆关键施工环节，采用专用抹胶工具和抹胶工艺，使环氧胶黏剂呈正反向"C"形凹凸波浪形状，将连接部位的空气全部排出，保证密实度满足设计要求，避免水平缝处出现漏水质量问题，保障混凝土塔筒之间受力均匀、塔架结构安全。混合塔架安装见图3.4。

图3.4 混合塔架安装

**海上风电智能负压沉贯工法提高吸力筒导管架沉贯精度和施工效率**。通过液压驱动和倾角检测器实现导向架精准调平；根据土体阻力实时调整负压值，避免因局部硬层导致筒体倾斜；采用低噪声泵送设备，减少对海洋生物的干扰；通过智能化控制、高精度导向和全流程数字化管理，提升海上风电吸力筒导管架基础施工效率与可靠性。吸力筒导管架沉桩见图3.5。

图 3.5 吸力筒导管架沉桩

**海上风电导管架自行式运输装船法突破码头空间限制**。通过高压轮胎和液压缸组合分离，形成不同数量的运输车模块，实现超大型、超重结构的陆地运输与装船作业无缝衔接，具有灵活组合、精准定位、高效承载优势，提升导管架、大尺寸钢桩、上部组块等装船作业安全性和经济性。导管架自行式运输见图3.6。

图 3.6 导管架自行式运输

## 3.1.3 太阳能发电工程

**轨道车运输工法提高山地光伏发电项目转运效率**。针对山地光伏发电项目地形复杂坡度大、设备材料运输困难、传统方式施工效率低、安全风险高等问题，利用滑轨运输车作为机械化运输工具有效实现了组件和支架等关键材料的转运。轨道可设计为单轨、双轨或悬挂式，适应崎岖山体、狭窄空间。采用齿轮齿条驱动和多重制动系统，保障高爬坡能力和陡坡停车安全。轨道车运输方式在确保施工质量的前提下，解决了山地光伏发电项目高坡度区域施工运输技术难题。轨道车运输支架和组件见图 3.7。

图 3.7 轨道车运输支架和组件

**预制管桩智慧测控沉桩工法实现滩涂光伏发电项目自动沉桩**。针对滩涂光伏发电项目沉桩作业，在浅水区利用水陆两用挖机配合自动沉桩机沉桩，在深水区采用打桩船沉桩；布置双向航道解决打桩船、运输船浅水区船体行驶搁浅问题；利用垂直度检测设备、桩身定位系统实现桩身自动定位、桩身垂直度矫正，保证沉桩施工质量。海上光伏打桩作业见图 3.8。

图 3.8 海上光伏打桩作业

**快速精准定位及数字化技术确保光热发电项目定日镜安装精度**。通过三维建模和虚拟现实技术模拟定日镜安装环境和过程，通过集成传感器、执行器、自动化控制系统实时监测和调整定日镜安装位置、角度和高度，确保安装精度符合设计要求。定日镜安装见图3.9。

图 3.9　定日镜安装

**倒装及自动焊接工法提升光热熔盐储罐安装质量**。采用倒装顶升方式逐层安装，利用胀圈及液压顶升装置提升作业，控制提升过程稳定性，避免储罐安装过程中的位移，提高施工效率、减少安全隐患；储罐底板及罐壁环缝采用自动焊接工艺，减少风沙影响，提高施工效率和成型质量。熔盐储罐倒装法施工见图3.10。

图 3.10　熔盐储罐倒装法施工

### 3.1.4　新型储能工程

**对称分段焊接工艺保障压缩空气储能电站大型储热球罐焊接质量**。针对大型储热球罐容积大、球壳板壁厚尺寸大、焊接过程中罐体易变形等问题，将球壳板分片组装定位，把焊缝分成若干对称段，多人对称施焊使热输入均匀分布，多层多道焊控制焊接线能量输入，分段逆向退焊减少局部应力集中，保证球罐的几何精度和结构可靠性。大型储热球罐焊接施工见图 3.11。

图 3.11 大型储热球罐焊接施工

## 3.2 施工装备

2024 年，可再生能源发电建设工程施工装备不断改造升级、迭代更新，在提升施工效率、保障施工质量安全等方面实现了新的突破，为可再生能源持续大规模建设提供了强劲动力。

### 3.2.1 水电工程

**全断面掘进机施工效能取得新突破**。2024 年，国产首台大直径大倾角 TBM"永宁号"在某项目引水斜井精准贯通（图 3.12），最高日进尺 22.75m、月进尺 332m，刷新了国内斜井 TBM 掘进速度纪录；"天岳号"

图 3.12 "永宁号"大直径大倾角 TBM

超大倾角（约50°）可变径硬岩掘进机在某项目引水下斜井精准贯通，开创了最大坡度、最大变径、超小角度隧洞应用全断面机械化施工先河；"逐梦号"竖井扩孔掘进机在某项目排风竖井首发（图3.13），单日最快掘进16.8m，刷新了竖井掘进效率世界纪录。上述隧洞实测贯通误差、开挖轮廓面超欠挖、不平整度等关键质量控制指标均达到优良。

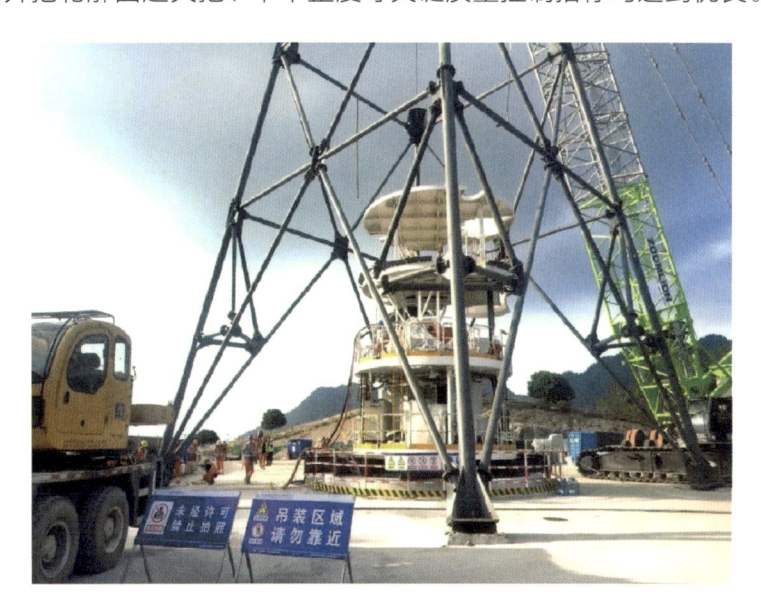

图3.13　"逐梦号"竖井扩孔掘进机

**电动卡车及换电站助力大坝填筑高效绿色施工**。2024年，潍坊抽蓄大坝填筑配备具有高扭矩、快速响应等特点的纯电卡车，运输效率高，实现大坝月高峰填筑强度112万 $m^3$；南宁抽蓄大坝填筑启用全国首个抽蓄电动重卡换电站（图3.14），电动重卡依靠换电站机械吊臂自动更换满电的电池，整个换电过程仅需3~5min。

图3.14　抽蓄电动重卡及换电站

### 3.2.2 风电工程

**风电吊装机械施工作业能力进一步提升**。2024年，广西防城港海上风电示范项目应用风电安装船"博强3060"（图3.15），最大起吊重达2200t；三峡青州六海上风电项目应用风电安装船"大桥海风"（图3.16），甲板吊高达180m；大唐汕头勒门Ⅰ海上风电扩建项目应用风电安装船"港航平5"（图3.17），桩腿长度达135m，桩腿采用桁架式结构，强度高、稳定性强。鄂尔多斯零碳产业园500MW风光储一体化示范项目（陆上风电项目）应用4000t轮式起重机（图3.18）完成190m混凝土-钢混合塔架风电机组吊装任务。

图3.15 "博强3060"风电安装船

图3.16 "大桥海风"风电安装船

图 3.17 "港航平 5" 风电安装船

图 3.18 4000t 轮式起重机

**智能自动化大型海缆敷设船提高敷设效率**。2024 年，大唐汕头勒门Ⅰ海上风电扩建项目应用海缆敷设船"启帆 19 号"（图 3.19），总重达 11793t，最大载缆量 10000t，配备 DP2 导航控制系统，采用纵向海缆敷设布局和悬链线海缆敷设技术，实时监测设备状态，预防作业风险，确保

图 3.19 "启帆 19 号"海缆敷设船

复杂海况下海缆敷设精准作业,提升海底电缆的敷设效率和精度。

### 3.2.3 太阳能发电工程

**海上光伏桩基施工船实现海上施工一体化作业**。2024年,中广核烟台招远400MW海上光伏项目应用"电建海装001号"海上光伏桩基施工船(图3.20),采用艏艉台车定位桩、固定定位桩、艏艉双钩双吊机等技术,通过悬吊打桩、工装辅助定位,同步进行多个光伏桩基施工,提高海上光伏桩基施工效率。

图 3.20 "电建海装 001 号"海上光伏桩基施工船

**无人机有效解决复杂地形光伏组件运输难题**。2024年,无人机在多个渔光互补、山地光伏项目中得到应用(图3.21)。通过集群协同运输技术实现多机编队分批次组件运输,利用无人机采集的高清影像和实时数据的观测,解决复杂地形运输难题,精确掌握施工进度和潜在安全风险,提升施工效率、保障施工质量。

图 3.21 无人机吊运光伏组件

## 3.3 智能建造

2024年,人工智能、大数据、物联网等智能建造技术在可再生能源发电建设工程质量管理、施工过程质量监控、质量统计分析等方面进一步应用,实现建设质量管理数字化、可视化和精细化,提升施工效率与建设管理水平。

### 3.3.1 水电工程

**无人碾压机群提升堆石坝填筑质量与效率**。2024年,拉哇水电工程应用无人碾压机群完成大坝填筑约850万 $m^3$。通过对大坝碾压机械进行智能化改造,搭建智能碾压系统,实现碾压机姿态、环境及坝料压实质量的自主感知,碾压机行进、转向、振动与制动等自动控制,碾压机参数的自主决策与自动调整,提升大坝填筑质量与效率。大坝填筑无人碾压机群见图3.22。

图3.22 大坝填筑无人碾压机群

**智慧砂石加工系统推动砂石加工智能化、无人化**。2024年,西南某重点水电工程应用智能化建造手段、智慧化管理理念建设智慧砂石加工系统(图3.23),实现骨料含水率、细度模数等关键指标智能检测分析

图3.23 智慧砂石加工系统全景图

和数据处理,实时反馈、指导生产工艺。运用骨料粒型粒径在线检测系统(图3.24),采集骨料实时图像,分析计算骨料超逊径、针片状含量;运用近红外非接触式在线检测系统,自动检测、计算和精准控制人工砂含水率;运用双目立体视觉识别在线监测系统,通过三维测斜及红外扫描成像,实时计算骨料库存情况。

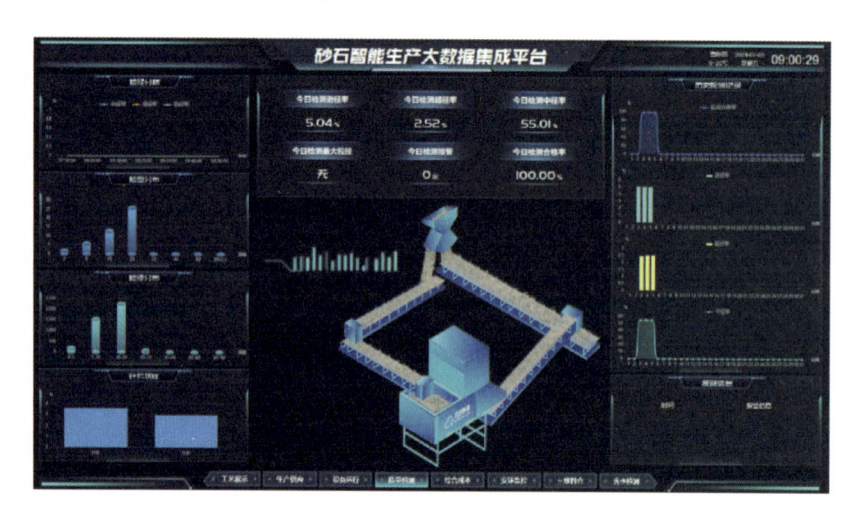

图 3.24　智慧砂石骨料粒型粒径在线检测系统

### 3.3.2　风电工程

**海缆埋设装备智能升级保障敷设精度**。2024年,大连市庄河海上风电场址Ⅴ项目通过升级埋设犁装备,配备液压埋深调节水下埋设机,应用扫描声呐实现海缆水下施工可视化,提高敷设施工效率,保障施工质量;明阳阳江16.6MW漂浮式海上风电示范项目利用遥控无人潜水器(ROV)(图3.25)对海缆敷设、附件安装效果进行检测,保障水下施工

图 3.25　遥控无人潜水器(ROV)

质量检测的可视化、智能化，提升施工工效。

### 3.3.3 太阳能发电工程

**数字化技术与光热发电工程深度融合提升工程建设质量**。2024年，中电建共和100万千瓦光伏光热项目、三峡能源青豫直流二期海西基地10万千瓦光热项目通过工程数字化应用平台，实现三维协同设计、施工仿真优化、生产要素智能化管理和数字化移交，提高工程建设质量和效率。塔式光热数字化建模见图3.26。

图3.26 塔式光热数字化建模

# 4 质量监督管理

## 4.1 质量监督管理制度体系

我国可再生能源发电工程实行建设工程质量监督管理制度，且已形成了以法律法规为统领，以《电力建设工程质量监督管理暂行规定》为核心，以可再生能源发电建设工程质量监督检查大纲为支撑，以一系列管理文件为配套的制度体系，见表4.1。

**表4.1 可再生能源发电建设工程质量监督管理制度体系表**

| | |
|---|---|
| 法律 | 《中华人民共和国建筑法》 |
| 行政法规 | 《建设工程质量管理条例》（国务院令第279号）<br>《建设工程勘察设计管理条例》（国务院令第293号） |
| 规章 | 《电力安全生产监督管理办法》（国家发展改革委令第21号） |
| 行政规范性文件 | 《电力建设工程质量监督管理暂行规定》（国能发安全规〔2023〕43号）<br>陆上风力发电、光伏发电建设工程质量监督检查大纲（2016年印发，2023年修订）<br>水电、海上风力发电、生物质发电、太阳能热发电建设工程质量监督检查大纲（2021年印发）<br>《输变电建设工程质量监督检查大纲（增补本）》（2021年印发）<br>《国家能源局关于印发进一步加强电力建设工程质量监督管理工作意见的通知》（国能发安全〔2018〕21号）<br>《国家能源局综合司关于加强和规范电力建设工程质量监督信息报送工作的通知》（国能综通安全〔2018〕72号） |
| 政策性文件 | （1）综合管理<br>《国家能源局关于进一步明确电力建设工程安全管理有关要求的通知》（国能发安全〔2021〕68号）<br>（2）业务范围管理<br>《国家能源局关于进一步明确电力建设工程质量监督机构业务工作的通知》（国能函安全〔2020〕39号）<br>《国家能源局综合司关于公布电力建设工程质量监督机构名录的通知》（国能综通安全〔2022〕48号）<br>（3）质监机构管理<br>《电力建设工程质量监督机构考核管理办法》（国能发安全〔2024〕6号）<br>（4）质监专业人员管理<br>《电力建设工程质量监督专业人员培训考核暂行办法》（国能发安全〔2019〕61号）<br>（5）程序管理<br>《电力建设工程质量监督实施程序（试行）》（2024年印发）<br>《国家能源局综合司关于明确未接受质量监督电力建设工程处理程序等的通知》（2020年印发）<br>《国家能源局综合司关于明确电力建设工程质量监督机构负责人调整程序的通知》（2018年印发） |

**建立可再生能源发电建设工程质量监督管理体系**。2018年，国家能源局在能源转型关键期通过《国家能源局关于进一步加强电力建设工程质量监督管理工作意见的通知》（国能发安全〔2018〕21号）明确了"国家能源局电力安全监管司归口、各派出能源监管机构按照授权监管，地方电力管理部门依法依规管理，电力质监机构受托质监"的可再生能源发电建设工程质量监督管理体系。

**完善可再生能源发电建设工程质量监督管理制度**。2023年，国家能源局印发《电力建设工程质量监督管理暂行规定》（国能发安全规〔2023〕43号），明确了电力质监工作的基本原则，规定了各参建单位的质量责任义务，规范了质量监督工作要求等，为可再生能源发电工程建设提供了质量保障。2024年，国家能源局电力可靠性管理和工程质量监督中心印发《电力建设工程质量监督实施程序（试行）》（质监函〔2024〕13号），进一步明确了电力质监工作各环节的具体要求，统一了质监文书文件格式文本，提高了质监工作的规范性和可操作性。

**实现可再生能源发电工程建设质量监督全覆盖**。国家能源局先后印发《国家能源局关于进一步明确电力建设工程质量监督机构业务工作的通知》（国能函安全〔2020〕39号）和《国家能源局综合司关于公布电力建设工程质量监督机构名录的通知》（国能综通安全〔2022〕48号），建立了"专业站＋中心站"的电力质监机构体系，明确划分了各电力质监机构的业务范围，并确定可再生能源发电工程质量监督站在规定范围内承担兜底可再生能源发电建设工程质监任务，实现了可再生能源发电建设工程质量监督全覆盖，对促进可再生能源高质量发展具有重要意义。

**规范可再生能源发电建设工程质量监督检查工作**。电力建设工程质量监督检查大纲于1991年（原能源部管理时期）颁布试行以来，形成了独具电力行业特色的监督检查标准体系，是质量监督工作的核心文件。大纲既是质监机构开展具体检查工作的主要依据，也是工程建设各参建方应当遵守的重要准则。经多年实践证明，大纲对于规范监督检查、提升监督成效、保障工程质量安全起到了良好效果。为进一步规范和加强新形势下可再生能源发电建设工程质量监督检查工作，国家能源局于2016年、2021年先后印发了陆上风力发电建设工程、光伏发电建设工程、水电建设工程、海上风力发电建设工程、生物质发电建设工程、太阳能热发电建设工程质量监督检查大纲，2023年对陆上风力发电建设工程、光伏发电建设工程质量监督检查大纲进行了修订，见表4.2。

表 4.2　可再生能源发电建设工程相关质量监督检查大纲

| 序号 | 名　称 | 首次发布日期 | 修订日期 | 适用范围 |
|---|---|---|---|---|
| 1 | 陆上风力发电建设工程质量监督检查大纲 | 2016-04-05 | 2023-05-08（第1次） | 装机容量50MW及以上陆上风力发电建设工程的监督检查，其他陆上风力发电建设工程可参照执行 |
| 2 | 光伏发电建设工程质量监督检查大纲 | 2016-04-05 | 2023-05-08（第1次） | 装机容量50MW及以上光伏发电建设工程的监督检查，其他光伏发电建设工程可参照执行 |
| 3 | 水电建设工程质量监督检查大纲 | 2021-06-21 | | 以发电为主、单站总装机容量50MW及以上水电建设工程（含抽水蓄能电站）的监督检查，其他水电建设工程可参照执行 |
| 4 | 海上风力发电建设工程质量监督检查大纲（试行） | 2021-06-21 | | 海上风力发电建设工程的监督检查，其他近海、潮间带、潮下带滩涂风电场建设工程可参照执行 |
| 5 | 太阳能热发电建设工程质量监督检查大纲 | 2021-06-21 | | 槽式、塔式、线性菲涅耳式太阳能热发电建设工程的监督检查，其他太阳能热发电建设工程可参照执行 |
| 6 | 生物质发电建设工程质量监督检查大纲 | 2021-06-21 | | 单机发电容量15MW及以上农林生物质焚烧发电建设工程的监督检查，其他农林生物质发电建设工程参照执行 |
| 7 | 输变电建设工程质量监督检查大纲（增补本） | 2021-06-21 | | 海上风电场海底电力电缆工程的监督检查，参照《输变电建设工程质量监督检查大纲（增补）》中"第二篇 海底电力电缆输电工程"执行 |

## 4.2 质量监督检查常用标准

在质量监督检查中，常用的强制性工程建设规范共 17 本；常用的勘察设计类标准共 99 本，2024 年代替 3 本、新增 4 本；常用的施工验收类标准共 197 本，2024 年代替 4 本、新增 9 本；常用的运行维护类标准共 43 本，2024 年代替 3 本、新增 2 本。详见附录 1～附录 4。

## 4.3 质量监督检查技术要点

可再生能源发电建设工程质量监督机构按照工程类别、规模、建设周期等特点，对工程建设、勘察、设计、施工、监理等单位的质量行为和工程实体质量进行监督。质量监督检查技术要点包括通用检查要点和项目检查要点。

### 4.3.1 通用检查要点

1. 建设单位质量行为

重点关注质量管理组织机构设置、质量管理人员配置，质量管理制度制定，专业标准清单审批，设备制造厂技术交底、设计交底及施工图会检组织管理，工程建设有关质量强制性标准（强制性条文）执行、检查及组织，启动验收组织机构建立等情况。

2. 勘察单位质量行为

重点关注勘察人员资格，勘察报告出具，勘察技术交底开展，工程实体质量与勘察的符合性确认，参加工程质量验收等情况。

3. 设计单位质量行为

重点关注设计人员资格，设计代表服务，设计文件交付进度，设计变更管理，设计交底和图纸会检，工程建设质量强制性标准（强制性条文）执行，工程实体质量与设计的符合性确认，参加工程质量验收等情况。

4. 监理单位质量行为

重点关注组织机构设置、专业人员配置，监理规划、监理实施细则编制、审批以及执行，材料进场和设备、构配件开箱检查验收和原材料见证取样，施工质量验收范围划分审核，施工方案、作业指导书审核，工程建设质量强制性标准（强制性条文）执行、检查，质量巡视、平行检验和旁站，组织质量验收，质量问题管理和处理等情况。

5. 施工单位质量行为

重点关注质量管理组织机构设置、制度制定实施，项目经理、特种作业人员资格，专业人员、质量检查人员配置；检测设备、计量器具配置情况，施工组织设计、专项施工方案等技术文件编制、审批以及执行，工程建设质量强制性标准（强制性条文）实施计划和执行，施工质量验收等情况。

**6. 建筑工程实体质量**

（1）地基处理。重点关注地基处理和检测方案，原材料质量证明，承载力检测，不同地基处理方式参数控制，地基验槽，边坡防护等情况。

（2）工程测量。重点关注测量控制方案，控制桩（点）设置，测量仪器检定（校准），定位放线和测量，沉降观测点设置及观测等情况。

（3）混凝土结构。重点关注钢筋、水泥等主要原材质量证明及复试，钢筋焊接与机械连接工艺及试验，商品混凝土配合比及开盘鉴定，混凝土浇筑控制与试块留置，大体积混凝土养护和温控，混凝土结构尺寸及外观质量，混凝土试块强度试验，混凝土强度检验评定，防腐（防水）质量；预埋件施工，冬期施工措施与保温等情况。

（4）钢结构工程。重点关注钢材、高强度螺栓连接副等主要原材质量证明及复试，高强螺栓连接质量，焊接工艺及质量检验，焊缝外观质量，钢结构变形监测，防腐涂料施工等情况。

（5）砌体工程。重点关注砖、石材等主要原材质量证明及复试，砂浆强度检测，后锚固钢筋拉拔试验，砌体组砌质量，砌体结构工程外观质量和尺寸偏差等情况。

**7. 电气工程实体质量**

（1）电气设备安装。重点关注主变压器油位、密封；互感器油位或气压；气体绝缘金属封闭开关设备（GIS）六氟化硫（$SF_6$）气体压力、膨胀伸缩装置安装；管母线焊接工艺及检测，软母线与耐张线夹压接工艺及检测；开关柜柜体安装、防止电气误操作的机械"五防"装置；保护控制盘柜端子排、二次接线；主接地网、二次设备等电位接地网设置，电气设备、防雷设施与接地网连接；电缆弯曲半径、固定方式、防火阻燃措施等情况。

（2）电气调整试验。重点关注主变压器气体继电器、测温装置、压力释放装置校验，局部放电、绝缘油色谱试验，互感器交流耐压、误差变比试验，气体绝缘金属封闭开关设备（GIS）密封性、主回路交流耐压试验，主接地网接地阻抗、接地网电气完整性试验，电力电缆交流耐压试验；保护控制二次回路绝缘，继电保护和安全自动装置整组传动试验，电流电压回路通流通压试验等情况。

### 4.3.2 项目检查要点

#### 4.3.2.1 水电工程

**截流阶段监督检查**。重点关注截流及围堰施工组织设计、施工方案及截流后工程度汛方案编制、审批，截流组织机构运行；导流泄水建筑物开挖、支护、衬砌、灌浆等施工完成及相关质量；与导流洞截流有关的监测仪器、设备安装埋设和调试；封堵闸门槽安装及试槽等情况。

**蓄水阶段监督检查**。重点关注工程下闸蓄水规划方案编制和评审、度汛方案和应急预案审批或备案；下闸蓄水组织机构运行；大坝及其他挡水建筑物、大坝基础和防渗工程、坝体接缝灌浆、库盆防渗工程以及相关输水建筑物进/出水口、泄水建筑物、工程边坡等施工质量；相关闸门及启闭机安装调试及验收；与蓄水有关的监测仪器、设备埋设和调试，以及与蓄水有关的安全监测资料分析等情况。

**机组启动阶段监督检查**。重点关注启动试运行生产准备；大坝工程形象面貌和质量以及水库蓄水；相关输水系统充（排）水试验，其他输水系统进、出水口封闭；厂内排水系统、厂区防洪排水设施投运；相关闸门及启闭设备安装、无水调试及验收；水轮发电机组及相关辅助设备安装及调试等情况。

**竣工阶段枢纽工程专项验收监督检查**。重点关注枢纽工程各单位工程验收；工程建设过程和初期运行中所发现的问题处理；初期运行制度体系及管理人员配备；水库调度与电站运行管理；水库运用与电站运行调度规程及运行防洪度汛方案、应急救援预案制订、审查或审批；工程安全监测系统运行等情况。

**坝基覆盖前专项监督检查**。重点关注建基面地质编录、工程地质评价，坝基开挖体型和质量，坝基开挖爆破振动监测、爆破松弛检测，地基处理方案和施工质量，坝基及边坡安全监测等情况。

**输水系统充（排）水试验前专项监督检查**。重点关注输水系统充（排）水试验组织机构运行，充（排）水试验方案和应急预案编制、审批，输水系统施工质量；有关洞室、管路封堵及关闭，输水系统进、出口闸门与启闭机安装、无水调试及验收，厂房渗漏、检修排水系统安装及投用，有关安全监测仪器埋设及监测等情况。

#### 4.3.2.2 风电工程

**风力发电机组塔架吊装前、海上升压站平台承载前监督检查**。重点关注吊装专项方案编制、审批和专家论证，吊装机械设备审批，塔架进场验收，风电机组基础沉降观测；陆上风电机组吊装平台地基承载力检测，基础混凝土结构施工质量；海上风电机组和海上升压站基础钢结构施工质量，基桩承载力试验及检测，导管架基础灌浆施工质量，水位变动区及外露部分的防腐质量、阴极保护等情况。

**风力发电机组启动前监督检查。**重点关注塔架、机舱、叶片、轮毂、发电机质量证明文件，风力发电机组安装施工质量；陆上风电混凝土塔筒预应力工程施工质量；风力发电机组偏航、变桨等基本功能调试，紧急停机、过速保护等安全链保护功能调试，风力发电机组与远程监控设备安装；海上风电海缆敷设埋置深度、锚定装置、防护措施和附件安装施工质量等情况。

**海上升压站上部模块舾装前监督检查。**重点关注上部模块钢结构施工质量，舱壁压型金属钢板安装和涂层施工质量，钢材除锈方法及除锈，涂装工艺方案及检验方案，阴极保护措施施工和试验等情况。

### 4.3.2.3 太阳能发电工程

**光伏支架安装前监督检查。**重点关注光伏支架地基与基础施工质量，光伏支架等原材质量证明及进场验收，支架安装方案审批，漂浮式光伏浮体安装质量，海上光伏钢结构安装及防腐质量等情况。

**光伏发电单元启动前监督检查。**重点关注光伏支架及组件安装质量，组串开路电压测试，光伏逆变器安装调试，光伏发电单元静态检查调试、安全保护系统和计算机监控系统调试；柔性支架预应力拉索施工质量，支架跟踪系统安装调试等情况。

**介质注入系统前监督检查。**重点关注聚光集热系统和储换热系统的设备、管道、支吊架安装质量，安全阀冷态校验，焊接工程检验，伴热及保温施工质量，化盐系统安装质量等情况。

**汽轮机扣盖前监督检查。**重点关注汽机基座交付安装验收及沉降观测，台板与垫铁施工质量，汽缸、轴承座及滑销系统安装，热工测量元件校验，轴承和油挡间隙，汽轮机转子测量及安装质量，通流间隙及隔板安装，合金钢、轴瓦、紧固件等无损检测等情况。

**机组整套启动试运前监督检查。**重点关注聚光集热系统和储换热系统的安装调试质量，汽轮发电机组及附属设备、润滑油系统、回热系统、盘车、真空系统等安装调试，化学专业分系统调试，热控仪表、调节门校验和单体调试，DCS等控制系统调试；聚光集热系统、储换热系统、发电系统的保护与联锁试验和保护逻辑功能试验等情况。

### 4.3.2.4 生物质发电工程

**锅炉水压试验前监督检查。** 重点关注锅炉钢构架施工质量，大板梁挠度及基础沉降观测，锅炉承压部件及受热面、锅炉附属管道及附件安装质量，受热面膨胀间隙，支座、吊挂系统安装质量，合金钢管道光谱复查，焊缝无损检测等情况。

**整套启动试运前监督检查。** 重点关注燃料系统的安装调试质量，锅炉、汽轮发电机组及附属设备、润滑油系统、盘车、回热系统、真空系统等安装调试，化学专业分系统调试，热控仪表、调节门校验和单体调试，DCS等控制系统调试；机、炉、电大联锁保护逻辑功能试验等情况。

### 4.3.2.5 新型储能工程

**电化学储能电站电化学储能单元启动前监督检查。** 重点关注储能单元预制舱、储能设备质量证明文件和安装质量，储能单元电池管理系统、能量管理系统、计算机监控系统调试；锂离子电池温控系统调试，液流电池电解液循环系统泄漏性试验等情况。

**压缩空气储能电站地下储气库投用前监督检查。** 重点关注储气库注气量，储气库及连接管路安装质量和密封性试验，安全监测系统设置；盐穴储气库排卤量，排卤井封堵质量，监测井设置；洞室储气库混凝土结构、密封结构施工质量等情况。

**压缩空气储能电站机组整套启动试运前监督检查。** 重点关注压缩机组、膨胀发电机组、附属机械和辅助设备安装调试，注气分系统、化学专业分系统调试，热控仪表、调节门校验和单体调试，DCS等控制系统调试；压缩储能系统、膨胀释能系统、发电励磁系统大联锁保护逻辑功能试验等情况。

# 5 工程建设质量

## 5.1 工程建设质量亮点

2024 年，随着工程建设质量管理水平的提升和施工技术的进一步发展，可再生能源发电工程建设质量总体稳步提升。水电工程大坝智能建造、库坝填筑过程质量管控、岩锚梁混凝土精细化施工，风电工程基础精细化管理等，有效保障工程建设质量；风电工程塔筒精准组装、海上升压站浮托施工，光伏发电工程精细化施工，压缩空气储能工程膨胀发电机组精准安装等，进一步提高安装精细化水平；水电工程深厚覆盖层坝基处理，风电工程海上作业多部门协同联动，电化学储能工程消防设施升级等，较好地保障了施工安全和电站运行安全。

### 5.1.1 水电工程

**智能振冲控制技术保障深厚覆盖层坝基处理质量**。硬梁包水电站坝址区覆盖层深厚、地质条件复杂、地震设防烈度大，设计对覆盖层坝基采用振冲碎石桩进行处理。施工过程中，采用先进的智能振冲控制技术，实现了振冲施工全过程的智能化、规范化、标准化、可视化以及施工质量的可评测、可调控，保障了深厚覆盖层坝基振冲碎石桩处理质量。2024 年蓄水以来，监测成果显示，施工期及运行期基础最大总沉降量为 11.93cm，大坝运行效果良好。智能振冲施工控制成套装备及控制系统见图 5.1。

图 5.1 智能振冲施工控制成套装备及控制系统示意图

**智能建造提升大坝碾压混凝土质量**。西南某重点水电工程碾压混凝土重力坝应用智能筑坝技术，实现了碾压混凝土施工全过程的智能化管控和层间间隔时间等关键控制指标的智能识别、分析与预警。2024 年蓄水以来，大坝最大渗漏量约 6L/s，其他应力应变等指标良好。大坝取出了长 26.5m 的碾压混凝土芯样（图 5.2），穿越 88 个层面，表面光滑

致密，骨料分布均匀，层间结合良好。

图 5.2　西南某重点水电工程碾压混凝土芯样

**库坝高质量施工保障水库填筑和防渗质量**。江苏句容抽水蓄能电站上水库库坝填筑总量近 3000 万 $m^3$，填筑施工强度高、持续时间长、填筑料复杂。工程应用"库岸沥青混凝土面板＋库底多种土工膜"综合防渗体系（图 5.3），施工过程中强化库坝填筑过程质量管控，有效保障水库填筑和防渗质量。库盆最大沉降量仅为高度的 1.14%，大坝最大沉降量仅为坝高的 0.28%；2024 年 6 月蓄水以来，库盆实测渗漏量仅 0.35L/s，远小于设计指标。

图 5.3　"库岸沥青混凝土面板＋库底多种土工膜"综合防渗体系

**精细化施工提升地下厂房岩锚梁混凝土浇筑质量**。2024 年，雅砻江卡拉水电站、浙江天台抽水蓄能电站、安徽石台抽水蓄能电站等工程针对地下厂房岩锚梁混凝土施工，从混凝土配合比、模板及支撑加固体系、浇筑振捣、温控防裂、保温养护等多方面实施精细化管控，促进岩锚梁混凝土施工质量稳步提升。岩锚梁混凝土"镜面"效果见图 5.4。

图 5.4 岩锚梁混凝土"镜面"效果

### 5.1.2 风电工程

**精细化管理保障风电机组基础施工质量和结构安全**。2024 年，部分陆上风电工程通过智能预测风机基础温度应力，科学设计混凝土配合比，优化施工工法，从地基处理、钢筋绑扎、模板安装、混凝土浇筑养护等各环节加强施工组织管理，较好地解决混凝土裂缝等质量问题，提高风电机组基础施工质量和结构安全。陆上风电工程风电机组基础施工见图 5.5。

图 5.5 陆上风电工程风电机组基础施工

**精准组装保证风电机组钢塔筒安装质量和稳定性**。2024年，部分陆上风电工程通过钢塔筒吊装先进施工技术，严格控制塔筒安装精度，通过精确测量和实时调整塔筒起吊、法兰对接、高强螺栓紧固等关键工序施工参数，保证风电机组钢塔筒安装质量和稳定性。风电机组钢塔筒吊装见图5.6。

图5.6 风电机组钢塔筒吊装

**多部门协同合作联动，提高工程管理决策效率，保障施工安全**。2024年，部分海上风电工程参建单位与地方海事等管理部门协同联动，开通气象海况预警专线，优化施工作业面部署，精细化管理船舶装备，保障海上风电工程施工质量和作业安全，提高工程管理决策效率和作业保障率。海上风电工程施工场景见图5.7。

图5.7 海上风电工程施工场景

**浮托施工技术突破施工装备限制，保障海上升压站工程质量**。2024年，三峡阳江青洲六海上风电场项目在重达7166t的大型海上升压站施工过程中采用浮托安装关键技术，建立施工全过程的技术方案和管理体系，减少焊接及连接点隐患，提高整体结构稳定性；通过精准定位和精确对接，减少累计误差，提高大型海上升压站施工效率和安装质量。海上升压站浮托法施工见图 5.8。

图 5.8　海上升压站浮托法施工

### 5.1.3　太阳能发电工程

**精细化施工保障光伏发电单元安装质量。** 2024 年，部分光伏发电工程从设计、材料、施工、检测、调试等方面实施精细化管理，确保光伏支架结构稳定、光伏组件安装平整、接线牢固、电缆走向规范、对地绝缘良好、整齐美观，提升光伏系统发电效率和使用寿命。光伏发电单元安装见图 5.9。

图 5.9　光伏发电单元安装

### 5.1.4　新型储能工程

**消防设施升级助力电化学储能电站安全稳定运行。** 2024 年，部分电化学储能电站消防设施增加压缩空气泡沫灭火系统、水消防系统。压缩空气泡沫灭火系统利用高效泡沫介质实现隔绝空气和降温双重功能,把有害气体排出舱外,持续对电池模组降温,对火灾进行长效抑制;水消防系统进一步降低了电站热失控火灾风险。建设中的电化学储能电站见图 5.10。

图 5.10 建设中的电化学储能电站

**精准安装保证压缩空气储能电站膨胀发电机组安全稳定运行**。2024年,部分压缩空气储能项目通过三维空间建模识别潜在空间冲突,采用高精度水准仪对设备基础进行精确测量,应用高精度激光测量仪实现机组设备精准安装,减少运行振动和噪声,延长设备使用寿命,为电站高效运行奠定坚实基础。压缩空气储能电站膨胀发电机组见图 5.11。

图 5.11 压缩空气储能电站膨胀发电机组

## 5.2 工程建设质量挑战

2024年，1600余个可再生能源发电工程完成质量监督注册，总容量约3.5亿kW；截至2024年底，全国在监可再生能源发电工程2100余个，总容量约5.4亿kW。建设规模大、建设条件复杂、建设主体多元化、技术迭代快，工程质量管理依然存在较大挑战。水电工程近坝库岸变形体治理、施工期强降雨对坝体的破坏，陆上风电混凝土塔筒预制安装，压缩空气储能地下储气库勘察选址等问题不容忽视；水电工程面板堆石坝施工、大容量机组安装，陆上风电基础混凝土施工，海上风电导管架钢结构制作、海缆施工，光热吸热塔施工，生物质发电锅炉安装、机组整套启动，电化学储能单元安装调试，压缩空气储能新建洞室储气库开挖支护等重要部位、关键工序需要重视；潮间带或近海光伏海上施工和柔性支架安装等新业态、新技术面临挑战。

### 5.2.1 水电工程

水电工程建设尤其是抽水蓄能电站项目受参建主体多元化、管理模式多样化、优质开发站址逐渐减少、水轮发电机组向大型化发展、建设技术难度不断加大等因素影响，质量管理面临多方面挑战。地质条件复杂引发的坝基渗漏、围岩失稳和边坡滑移等问题时有显现，施工管控不严导致洞室开挖支护、边坡治理、大坝填筑、混凝土浇筑、灌浆施工、金属结构焊接、机电设备安装调试等质量通病仍时有发生，需通过全过程精细化管控加以预防。

**地下洞室围岩变化大、支护不及时现象需持续关注**。个别项目地下厂房施工开挖后，复核发现Ⅲ类围岩占比较高，Ⅳ类围岩较前期勘察增加且较为集中，顶拱及边墙均出现变形、开裂、掉块等现象。根据开挖揭露的地质条件及时调整并采取有效的支护措施对有效保障施工作业安全和地下厂房围岩变形稳定至关重要。

**近坝库岸变形体、滑坡体治理需高度重视**。个别项目近坝库岸变形体、滑坡体规模较大、稳定性较差，存在地表拉裂变形迹象和局部塌滑现象。前期认识不足或勘察难度大，施工期也未严格按照设计要求完成综合治理，蓄水存在失稳加剧风险，一定程度上给大坝安全稳定运行带来不确定性。

**面板堆石坝反向排水不可靠现象不容忽视**。近年来，抽水蓄能电站面板堆石坝由于应对强降雨措施不周全，缺乏可靠的反向排水措施或反向排水措施被破坏，形成反向水压力，导致大坝防渗结构抬动、开裂、破损，对工程质量、施工进度、工程投资等造成较大影响。

**堆石坝坝体填筑及混凝土防渗面板质量控制仍需高度关注。** 2024年，部分水电工程堆石坝上坝料控制不严、布料不均匀、碾压不到位、预沉降期不足，坝体变形过大或变形不协调；混凝土温控及养护不到位，引起防渗面板大量开裂等问题。个别水电工程混凝土面板周边缝附近局部开裂，止水结构施工质量不达标，蓄水后渗漏量超标，处理难度大。

**部分机组安装质量仍需重视。** 随着全国抽水蓄能建设任务的激增，水轮发电机组设计、制造、安装资源面临逐步被稀释的趋势，个别项目发生推力瓦、推力镜板烧损，发电机转子线圈短路接地，发电机出口母线发热造成绝缘击穿短路等事故，需引起重视。

水电工程质量挑战见表5.1。

表5.1 水电工程质量挑战

| 序号 | 问题（现象）描述 | 对应照片 |
|---|---|---|
| 1 | 个别项目施工期地下厂房顶拱局部垮塌 | |
| 2 | 个别项目近坝库岸滑坡体规模较大 | |
| 3 | 个别项目滑坡体后缘拉裂变形 | |
| 4 | 倒灌洪水量大于趾板预埋反向排水管排水能力，反向水压力顶托面板，导致周边缝趾板与面板间出现错台 | |
| 5 | 反向排水不畅，面板抬动，趾板与面板柔性止水破坏 | |
| 6 | 反向排水不畅，在坝体反向水压作用下，防渗面板出现密集型裂缝 | |

续表

| 序号 | 问题（现象）描述 | 对应照片 |
|---|---|---|
| 7 | 上坝料质量控制不达标，导致填筑作业面大块石集中，级配不良 | |
| 8 | 堆石料填筑未设置层厚控制标志，铺料厚度控制不严，摊铺厚度过大 | |
| 9 | 混凝土温控及养护不到位，引起趾板混凝土多处贯穿性裂缝 | |
| 10 | 周边缝附近变形超设计警戒值，导致面板开裂 | |
| 11 | 面板止水结构施工质量缺陷，导致大坝渗漏量超标 | |
| 12 | 机组推力轴承因油雾排出分离装置的负压调整值偏低，启动试运行中轴承缺油造成推力瓦、推力镜板烧损 | |

### 5.2.2 风电工程

随着风资源进一步开发利用、风电机组持续大型化以及建设技术快速发展，陆上风电基础地基处理、混凝土浇筑以及塔筒制造和塔架安装等普遍性、关键性质量问题仍然较为普遍，需引起足够重视。海上风电离岸距离和水深不断增加，需考虑复杂海洋环境的挑战，建设环境恶劣影响工程质量管控。

**陆上风电混凝土塔筒质量风险应引起重视。** 少数陆上风电项目混凝土塔筒设计及制造水平参差不齐，运输防护措施不到位，进场验收、环片拼装、塔筒安装把关不严，座浆施工、预应力工程工艺不规范等，可能会影响塔架整体质量及结构安全。

**陆上风电基础混凝土施工质量仍需关注**。部分陆上风电项目尤其是高寒山区风电机组基础混凝土浇筑、温控养护、试验检测等施工常见病时有发生；个别项目不按照设计图纸施工，承台混凝土未一次性浇筑成型，存在影响结构安全和使用功能的严重质量缺陷。

**海上风电导管架钢结构制作质量控制难度大**。少数海上风电项目导管架结构复杂、尺寸大、焊缝多，组对时直线度、垂直度、水平度等控制难度大，易出现拼装偏差、焊接质量缺陷。

**复杂环境增加海缆施工质量的不确定性**。在监海上风电项目中心离岸距离主要集中在 15~35km，海底电缆分布广、长度大，海床情况复杂，海缆敷设质量控制难度大，中间接头制作工艺要求高。个别海上风电项目存在海缆路由偏差大，埋设深度不足，海缆登陆后电缆敷设不规范，中间接头防水处理不当、对接不准确等问题。

风电工程质量挑战见表 5.2。

表 5.2 风电工程质量挑战

| 序号 | 问题（现象）描述 | 对应照片 |
|---|---|---|
| 1 | 混凝土塔片局部有裂纹 | |
| 2 | 混凝土塔片在预应力张拉后出现混凝土掉块 | |
| 3 | 混凝土塔片拼装竖缝存在裂缝 | |
| 4 | 混凝土底部塔片存在裂缝 | |
| 5 | 风电机组基础未按照设计图纸施工 | |
| 6 | 风电机组基础存在蜂窝、孔洞 | |

续表

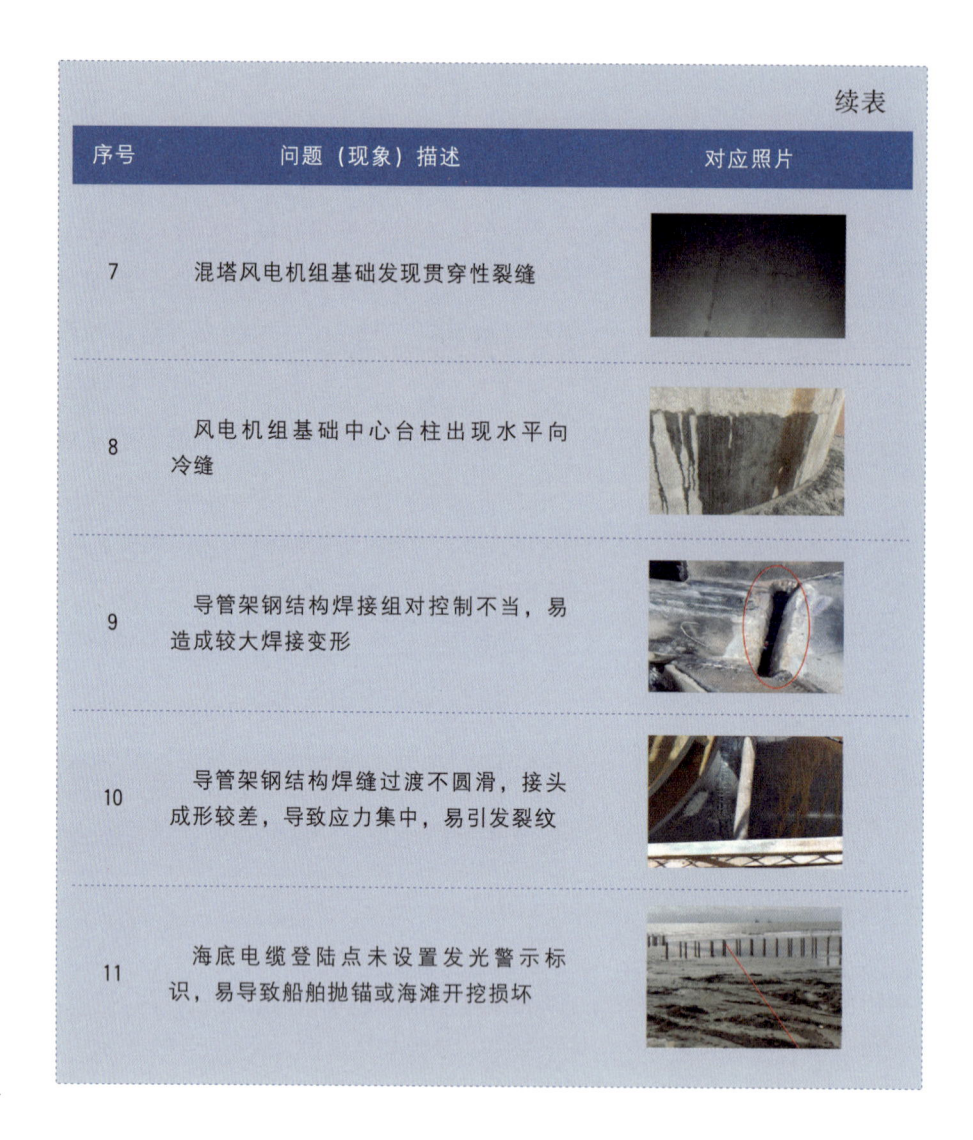

| 序号 | 问题（现象）描述 | 对应照片 |
|---|---|---|
| 7 | 混塔风电机组基础发现贯穿性裂缝 | |
| 8 | 风电机组基础中心台柱出现水平向冷缝 | |
| 9 | 导管架钢结构焊接组对控制不当，易造成较大焊接变形 | |
| 10 | 导管架钢结构焊缝过渡不圆滑，接头成形较差，导致应力集中，易引发裂纹 | |
| 11 | 海底电缆登陆点未设置发光警示标识，易导致船舶抛锚或海滩开挖损坏 | |

### 5.2.3 太阳能发电工程

**陆上光伏柔性支架质量安全风险需持续关注**。部分采用柔性支架的光伏发电项目，基础抗拔承载力不足导致柔性支架倒塌；风振作用下撑杆滑移，柔性支架发生局部失稳；端部夹片锚错位引起钢绞线滑脱；拉索连接体系强度低、预应力施加不足等导致组件翻转、边框撕裂。

**潮间带或近海光伏受环境影响质量安全控制存在风险**。部分海上光伏发电工程所处潮间带地质条件复杂，存在软土层、流沙等不良地质，勘察难度大，桩基规格选择难；近海区域风浪较大，潮汐周期性变化导致作业窗口时间有限，部分施工工艺质量安全控制风险较大；环境腐蚀性强，对材料防腐和结构抗风性能要求高。

**光热吸热塔施工质量控制难度较大**。2024 年，在监光热发电项目主要以塔式为主，其中吸热塔是聚光集热系统的关键设施，属高耸承重结构，施工难度大、安全风险高。个别项目混凝土段浇筑后垂直度和同心度与设计值偏差大,上部钢结构中心定位存在偏差,塔内受限空间中吸热器管屏等关键部分安装精度不足,影响吸热塔结构稳定及设备管道安装精度。

太阳能发电工程质量挑战见表 5.3。

表 5.3　太阳能发电工程质量挑战

| 序号 | 问题(现象)描述 | 对应照片 |
| --- | --- | --- |
| 1 | 拉索未张拉到位可能导致局部失稳 | |
| 2 | 边桩顶偏差较大影响支架体系结构安全 | |
| 3 | 螺母未紧固导致支架偏移 | |
| 4 | 钢管桩施工锤击能量过大造成桩顶部钢板卷边 | |
| 5 | 海上截桩施工难度大导致切割质量难以保障 | |
| 6 | 平台锥体与桩顶位置出现偏差 | |
| 7 | 吸热器钢结构安装工艺差造成中心定位出现偏差 | |

续表

| 序号 | 问题（现象）描述 | 对应照片 |
|---|---|---|
| 8 | 筒壁预埋件定位出现偏差 | |
| 9 | 吸热器管屏损坏、局部间隙过大 | |

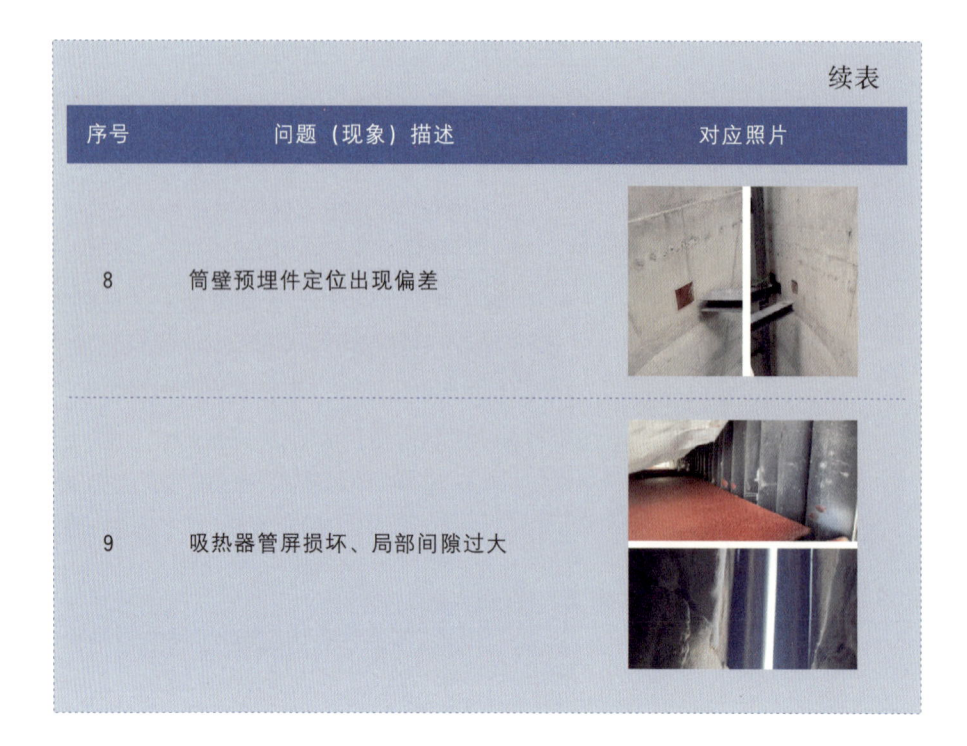

### 5.2.4　生物质发电工程

**生物质发电工程锅炉安装质量安全控制风险较大**。锅炉现场安装工作量大，合金钢管道焊口多，焊接工艺、热处理、焊缝无损检测要求高。部分生物质发电工程存在锅炉水冷壁限位支架未按制造厂图纸施工、汽包和受热面吊杆偏斜角度超标、焊接材料管理不规范等问题，影响锅炉安装质量和运行安全。

**生物质发电工程机组整套启动试运质量控制风险点多面广**。生物质发电工程存在高温、高压、易燃、易爆和有害介质，风险点多面广。部分生物质发电工程在机组整套启动试运前存在燃油系统缺少防静电措施、热力设备膨胀受限、主蒸汽管道未按设计图纸施工、汽封系统管道安装不规范、分系统调试不完善等问题，影响机组安全稳定运行。

生物质发电工程质量挑战见表5.4。

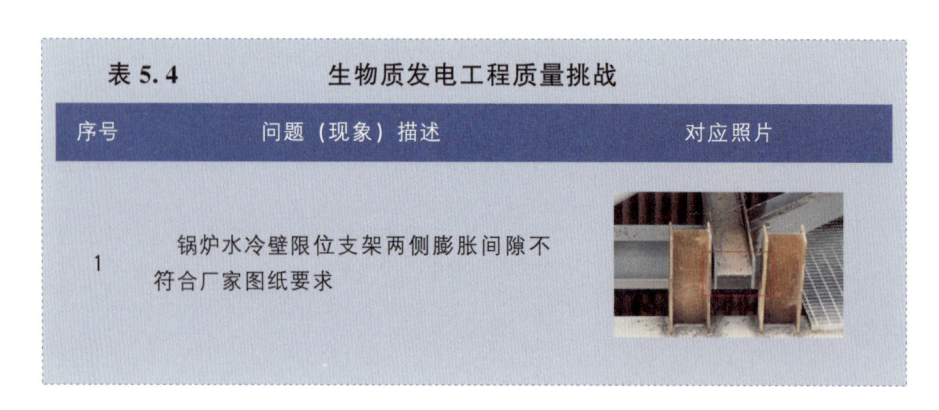

表5.4　　　　生物质发电工程质量挑战

| 序号 | 问题（现象）描述 | 对应照片 |
|---|---|---|
| 1 | 锅炉水冷壁限位支架两侧膨胀间隙不符合厂家图纸要求 | |

续表

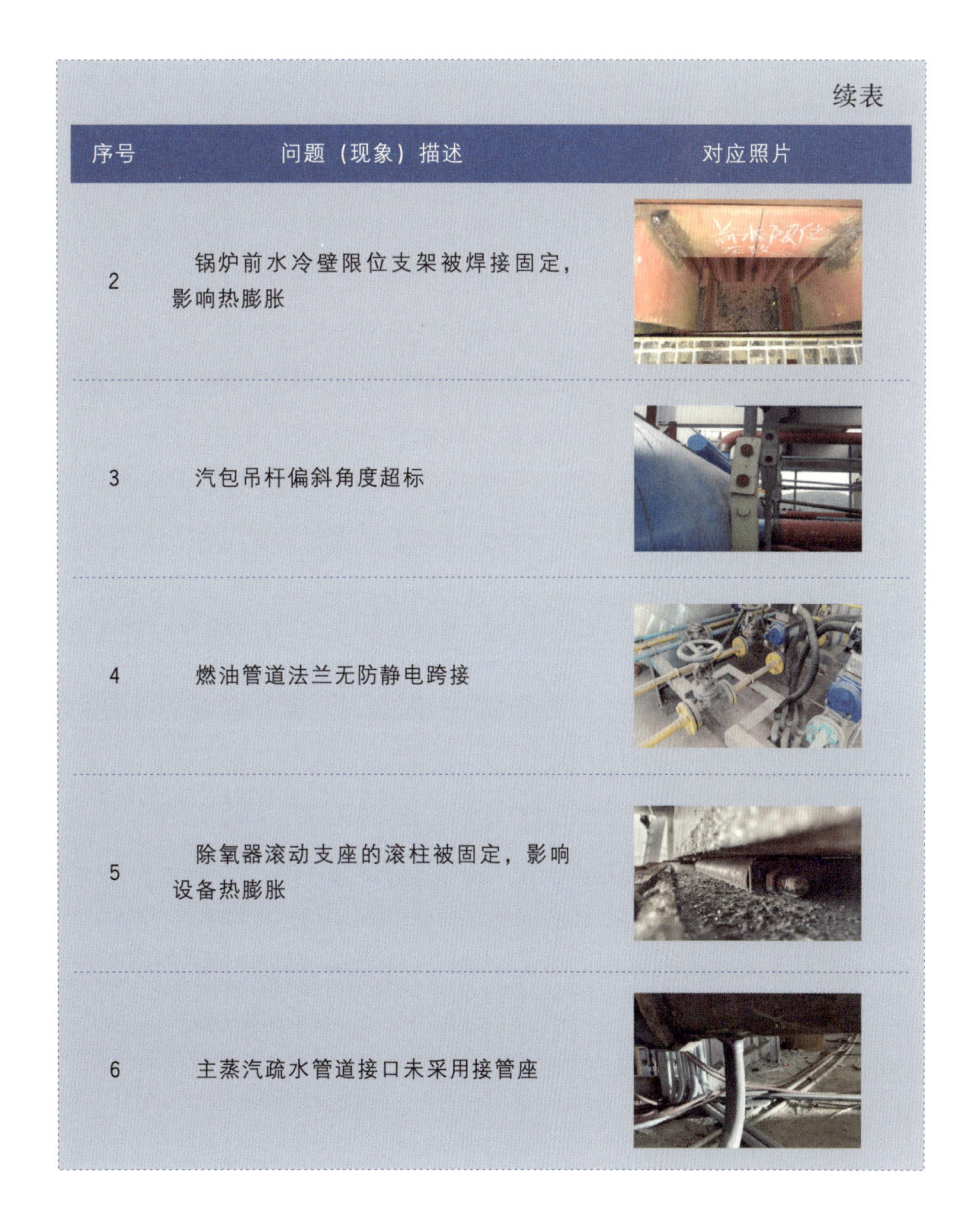

| 序号 | 问题（现象）描述 | 对应照片 |
|---|---|---|
| 2 | 锅炉前水冷壁限位支架被焊接固定，影响热膨胀 | |
| 3 | 汽包吊杆偏斜角度超标 | |
| 4 | 燃油管道法兰无防静电跨接 | |
| 5 | 除氧器滚动支座的滚柱被固定，影响设备热膨胀 | |
| 6 | 主蒸汽疏水管道接口未采用接管座 | |

### 5.2.5 新型储能工程

**预制舱电化学储能单元土建工程质量需引起重视**。部分电化学储能电站岩土勘察成果深度不足、基础设计与预制舱尺寸不匹配、预制舱体防火密封性能不足等质量问题时有出现，给舱内设备安全稳定运行带来隐患。

**电化学储能单元安装调试质量需提升**。部分电化学储能电站在电缆接线、接地施工等方面的质量问题时有出现，安装质量仍需提升。电化学储能在电池管理系统、能量管理系统方面的标准化程度不高，电化学储能电站调试多以厂家主导调试，缺少专业调试资质，调试质量难以保证。

**压缩空气储能地下储气库勘察选址至关重要**。个别新建洞室储气库选址在水文地质条件复杂、地下水较丰富、岩体透水性较强、裂隙较发育的位置。个别深埋盐穴储气库由于前期勘探资料不完整影响盐腔注采的精准定位，个别盐穴储气库卤水较重、腐蚀性较强。地下储气库未选址在地质条件良好区域，在增加施工安全隐患的同时，也影响地下储气库的结构稳定、密封性和电站的长期运行。

**压缩空气储能新建洞室储气库开挖支护需高度关注**。压缩空气储能电站新建洞室地质条件复杂多变，施工质量安全受到岩石硬度、稳定性以及地下水水位等因素的影响，存在局部坍塌、突水等隐患，洞室开挖、支护、固结灌浆施工质量及安全监测工作至关重要。

新型储能工程质量挑战见表5.5。

表5.5 新型储能工程质量挑战

| 序号 | 问题（现象）描述 | 对应照片 |
| --- | --- | --- |
| 1 | 储能电池预制舱基础设计与预制舱尺寸不匹配 | |
| 2 | 储能电池预制舱基础混凝土存在蜂窝、麻面、孔洞等质量缺陷 | |
| 3 | 储能电池预制舱未与基础预埋件固定 | |
| 4 | 储能单元储能变流器与储能电池预制舱之间的直流电缆极性错误 | |
| 5 | 新建洞室储气库斜井开挖过程中裂隙大量涌水 | |
| 6 | 物探成果资料不准确，影响盐腔注采精准定位 | |

# 6 发展建议

2025 年，预计全国可再生能源发电工程建设总量将继续维持高位，电力投资主体更加广泛和多元化，单个工程建设规模趋于大型化，不同类型可再生能源建设趋向一体化，叠加施工建设地理环境及地质条件复杂性和难度增大，新技术、新模式、新业态迅速发展，项目管理迎接多维挑战，不确定因素增加，施工质量安全风险依然不容忽视。全行业要深入学习贯彻习近平总书记关于安全生产重要论述和能源安全新战略，统筹高质量发展和高水平安全，进一步加强可再生能源发电建设工程质量监督管理，提升工程建设质量水平，以高质量可再生能源发展有力保障高水平能源安全，为推进质量强国建设贡献可再生能源智慧和力量。

**强化标准引领和支撑作用。**要有高质量建设，就要先有高质量标准。一是前瞻性制定新标准，及时填补海上光伏、光热发电、陆上风电场改造升级、深远海海上风电、电化学储能消防、压缩空气储气库等行业发展新技术、新模式、新业态相关标准空白，为可再生能源发电工程建设各个环节提供统一的技术规范和操作指南，切实保障工程建设质量，引领相关产业发展和技术创新再上新台阶。二是跟踪检验混凝土－钢混合塔筒、光伏柔性支架、储能电池仓等有关标准的实施效果，加强动态监测和分析，及时更新和升级，推动标准的科学性和实效性与产业发展、技术进步同步提升。三是加强涉及质量、安全、生态、环保等相关强制性标准刚性执行，推动可再生能源强制性标准从被动遵守到主动引领的转变。

**压实工程建设各方管理主体责任。**一是持续强化建设单位首要责任和勘察、设计、施工单位主体责任，落实生产企业对电力设备产品、检验检测机构对检测数据结论的主体责任。二是要充分发挥监理单位专业化监控和全过程服务作用，形成协同治理、有效制衡的质量管理格局。三是严格执行工程设计使用年限内质量终身责任制，认真落实法定代表人授权书和项目负责人工程质量终身责任承诺书签订要求，加强项目负责人变更管理。

**加强全过程质量管理和问题整治。**各级管理机构和有关单位应加强可再生能源发电工程建设质量控制和施工过程管理，强化对影响质量的关键因素和环节的管理。一是鼓励勘察、设计单位与施工单位协作，如通过数智技术模拟施工难点，减少勘察设计覆盖不足或者施工单位多元化带来的经验欠缺等产生的施工质量问题。二是要坚持工期服从安全质量、效益服从质量，坚决杜绝可能给工程带来安全风险和质量问题的盲目抢工期提前发电和不合理挖掘降本潜能、擅自改变建筑物结构型式及增减工程设施等行为。三是高度重视质量常见病、通病对可再生能源发电建设工程的危害，制定针对性的防治措施，加大对水电工程面板堆石坝施工和地下洞室开挖支护、陆上风电风机基础混凝土浇筑、海上风电钢结构焊接和海缆敷设、光伏支架和组件的安装调试等领域常见质量问题的整治，防止小问题酿成大隐患。

**完善检验检测技术保障体系**。一方面强化检验检测和质量追溯，包括原材料、设备产品、构（配）件的出厂检测，施工过程中对原材料、半成品和工程实体质量的试验检测，以及质量监督机构为验证工程质量保证体系运行状况正常与否的验证性抽查检测；另一方面加强对可再生能源发电工程建设领域检验检测技术机构的分类指导和监管，规范检验检测行为，促进有关技术机构完善内部管理和激励机制，提高检验检测质量和服务水平，提升社会公信力，切实发挥检验检测技术对可再生能源发电工程建设质量的保障作用。

**推进智能建设发展应用**。智能时代背景下，将人工智能技术全面引入可再生能源发电工程设计与建设中，进一步发展工程智能建设新理论与新技术，实现可再生能源发电工程高质量、高效率建设。从数据驱动的精准设计和优化、建设过程智能化监控、施工装备智能化升级、自动化检测和智能化验收等多个方面促进可再生能源发电工程建设与人工智能的加速融合，显著提升可再生能源发电工程设计和建设水平以及工程质量的可靠性、耐久性和可追溯性。

**推进质量监督方式创新**。依托信息化技术不断完善监督手段、创新监督方式、提升监督效能，打造移动化、数字化、互联化、智能化的可再生能源发电建设工程质量监督信息化平台，通过视频监控、在线监测、影像留存、实时定位、参数采集、数据分析等多种信息化途径，充分发挥人工智能、"互联网+"等对质量监督的支撑作用，推进质量监督从传统型向智慧型转变。

**培育工程质量诚信文化**。可再生能源行业应把诚实信用作为质量发展的基石，增强全员质量诚信意识，完善行业质量诚信体系，建立可再生能源市场主体质量黑名单制度，严厉打击质量违法行为，加大质量失信惩戒力度，充分发挥市场机制作用，营造公平竞争、优胜劣汰的市场环境，培育良性发展的可再生能源行业质量文化。

**强调技术创新背景下的工程建设质量**。创新技术不能以弱化质量为代价。针对发展较快的陆上风电混凝土塔筒在设计、制造、运输、安装以及产品认证等方面存在的问题，应及时完善相关标准及管理办法，加强混凝土塔筒设计制造和施工安装质量管控，切实规范混凝土塔筒市场秩序；建议加快制订、完善混凝土塔筒产品设计、施工安装及运行维护等方面相关标准规范，加强行业内各类专业人员的培训体系建设，强化专业管理人员、作业人员的上岗培训和交底工作；建议在行业内推广应用健康监测系统，确保混凝土塔筒长期运行安全。针对风电机组持续快速大型化发展现象，不建议盲目追求单机容量和叶轮直径的持续增大，应回归高可靠性、高性能的本质；建议推动验证流程规范化，新机组迭代要保证足够的测试周期和数据积累，确保设计可靠性；建议构建行业协同的质量标准，制定统一的涵盖故障率等核心指标的可靠性评价标准；建议推行模块化设计理念，降低现场安装复杂度，提高施工标准化水平，避免施工误差导致的质量问题。

# 附录

## 附录 1  质量监督检查常用强制性工程建设规范

| 序号 | 标 准 名 称 | 标 准 编 号 | 2024 年代替情况 |
|---|---|---|---|
| 1 | 工程结构通用规范 | GB 55001—2021 | |
| 2 | 建筑与市政工程抗震通用规范 | GB 55002—2021 | |
| 3 | 建筑与市政地基基础通用规范 | GB 55003—2021 | |
| 4 | 组合结构通用规范 | GB 55004—2021 | |
| 5 | 钢结构通用规范 | GB 55006—2021 | |
| 6 | 砌体结构通用规范 | GB 55007—2021 | |
| 7 | 混凝土结构通用规范 | GB 55008—2021 | |
| 8 | 建筑环境通用规范 | GB 55016—2021 | |
| 9 | 工程勘察通用规范 | GB 55017—2021 | |
| 10 | 工程测量通用规范 | GB 55018—2021 | |
| 11 | 既有建筑鉴定与加固通用规范 | GB 55021—2021 | |
| 12 | 施工脚手架通用规范 | GB 55023—2022 | |
| 13 | 建筑电气与智能化通用规范 | GB 55024—2022 | |
| 14 | 建筑与市政工程施工质量控制通用规范 | GB 55032—2022 | |
| 15 | 消防设施通用规范 | GB 55036—2022 | |
| 16 | 建筑防火通用规范 | GB 55037—2022 | |
| 17 | 生活垃圾处理处置工程项目规范 | GB 55012—2021 | |

## 附录2  质量监督检查常用勘察设计类标准

| 序号 | 标 准 名 称 | 标 准 编 号 | 2024年代替情况 |
|---|---|---|---|
| 一 | 通用部分 | | |
| 1 | 岩土工程勘察规范（2009年版） | GB 50021—2001（2009年版） | |
| 2 | 冻土工程地质勘察规范 | GB 50324—2014 | |
| 3 | 工程测量标准 | GB 50026—2020 | |
| 4 | 电力工程施工测量标准 | DL/T 5578—2020 | |
| 5 | 建筑变形测量规范 | JGJ 8—2016 | |
| 6 | 混凝土结构设计标准（2024年版） | GB/T 50010—2010（2024年版） | GB 50010—2010（2015年版） |
| 7 | 建筑抗震设计标准（2024年版） | GB/T 50011—2010（2024年版） | GB 50011—2010（2016年版） |
| 8 | 电力设施抗震设计规范 | GB 50260—2013 | |
| 9 | 混凝土结构耐久性设计标准 | GB/T 50476—2019 | |
| 10 | 钢结构设计标准 | GB 50017—2017 | |
| 11 | 高耸结构设计标准 | GB 50135—2019 | |
| 12 | 建筑物防雷设计规范 | GB 50057—2010 | |
| 13 | 建筑设计防火规范（2018年） | GB 50016—2014（2018年版） | |
| 14 | 火力发电厂与变电站设计防火标准 | GB 50229—2019 | |
| 15 | 电力工程电缆设计标准 | GB 50217—2018 | |
| 16 | 35kV～110kV变电站设计规范 | GB 50059—2011 | |
| 17 | 110（66）kV～220kV智能变电站设计规范 | GB/T 51072—2014 | |
| 18 | 高压配电装置设计规范 | DL/T 5352—2018 | |
| 19 | 66kV及以下架空电力线路设计规范 | GB 50061—2010 | |
| 20 | 工业设备及管道绝热工程设计规范 | GB 50264—2013 | |
| 二 | 水电工程 | | |
| 1 | 水力发电工程地质勘察规范 | GB 50287—2016 | |

续表

| 序号 | 标 准 名 称 | 标 准 编 号 | 2024年代替情况 |
|---|---|---|---|
| 2 | 水工混凝土结构设计规范 | NB/T 11011—2022 | |
| 3 | 水电工程水工建筑物抗震设计规范 | NB 35047—2015 | |
| 4 | 水工隧洞设计规范 | NB/T 10391—2020 | |
| 5 | 水电工程预应力锚固设计规范 | NB/T 10802—2021 | |
| 6 | 混凝土重力坝设计规范 | NB/T 35026—2022 | |
| 7 | 混凝土拱坝设计规范 | NB/T 10870—2021 | |
| 8 | 碾压混凝土拱坝设计规范 | NB/T 10335—2019 | |
| 9 | 碾压式土石坝设计规范 | NB/T 10872—2021 | |
| 10 | 混凝土面板堆石坝设计规范 | NB/T 10871—2021 | |
| 11 | 土石坝沥青混凝土面板和心墙设计规范 | NB/T 11015—2022 | |
| 12 | 水电站进水口设计规范 | NB/T 10858—2021 | |
| 13 | 水电站压力钢管设计规范 | NB/T 35056—2015 | |
| 14 | 水电站厂房设计规范 | NB 35011—2016 | |
| 15 | 水电站地下厂房设计规范 | NB/T 35090—2016 | |
| 16 | 地下厂房岩壁吊车梁设计规范 | NB/T 35079—2016 | |
| 17 | 水电工程边坡设计规范 | NB/T 10512—2021 | |
| 18 | 水力发电厂机电设计规范 | NB/T 10878—2021 | |
| 19 | 水力发电厂接地设计技术规范 | NB/T 35050—2023 | |
| 20 | 水力发电厂高压电气设备选择及布置设计规范 | NB/T 10345—2019 | |
| 21 | 水力发电厂继电保护设计规范 | NB/T 35010—2013 | |
| 22 | 水电站桥式起重机选型设计规范 | NB/T 10499—2021 | |
| 23 | 水电站排水系统规范 | NB/T 10860—2021 | |
| 24 | 水力发电厂电缆防火设计导则 | NB/T 10796—2021 | |
| 25 | 水电工程钢闸门设计规范 | NB 35055—2015 | |
| 26 | 水电工程启闭机设计规范 第1部分：固定卷扬式启闭机设计规范 | NB/T 10341.1—2019 | |
| 27 | 水电工程启闭机设计规范 第2部分：移动式启闭机设计规范 | NB/T 10341.2—2019 | |

续表

| 序号 | 标准名称 | 标准编号 | 2024年代替情况 |
|---|---|---|---|
| 28 | 水电工程启闭机设计规范 第3部分：螺杆式启闭机设计规范 | NB/T 10341.3—2019 | |
| 29 | 水电工程启闭机设计规范 第4部分：液压启闭机设计规范 | NB/T 10341.4—2023 | |
| 30 | 水电工程拦漂排设计规范 | NB/T 10609—2021 | |
| 31 | 水电工程闸门止水装置设计规范 | NB/T 35086—2016 | |
| 三 | 风电工程 | | |
| 1 | 风力发电场设计规范 | GB 51096—2015 | |
| 2 | 风力发电场设计技术规范 | DL/T 5383—2007 | |
| 3 | 风电场设计防火规范 | NB 31089—2016 | |
| 4 | 风电场安全标识设置设计规范 | NB/T 31088—2016 | |
| 5 | 风电场工程建筑设计规范 | NB/T 31128—2017 | |
| 6 | 风电场工程等级划分及设计安全标准 | NB/T 10101—2018 | |
| 7 | 风电机组钢塔筒设计制造安装规范 | NB/T 10216—2019 | |
| 8 | 陆上风电场工程风电机组基础设计规范 | NB/T 10311—2019 | |
| 9 | 风电机组混凝土-钢混合塔筒设计规范 | NB/T 10907—2021 | |
| 10 | 陆上风电场工程地质勘察规范 | NB/T 31030—2022 | |
| 11 | 风电场工程电气设计规范 | NB/T 31026—2022 | |
| 12 | 风电场工程抗震设计规范 | NB/T 11600—2024 | 新出 |
| 13 | 固定式海上风力发电机组 设计要求 | GB/T 31517.1—2022 | |
| 14 | 漂浮式海上风力发电机组 设计要求 | GB/Z 44047—2024 | 新出 |
| 15 | 海上风力发电场设计标准 | GB/T 51308—2019 | |
| 16 | 海上风力发电场勘测标准 | GB 51395—2019 | |
| 17 | 海上风力发电机组基础附属构件设计要求 | NB/T 10988—2022 | |
| 18 | 海上风力发电机组安全系统设计规范 | NB/T 11233—2023 | |
| 19 | 海上风电场工程钻探规程 | NB/T 10106—2018 | |
| 20 | 海上风电场工程岩土试验规程 | NB/T 10107—2018 | |
| 21 | 海上风电场工程风电机组基础设计规范 | NB/T 10105—2018 | |

续表

| 序号 | 标准名称 | 标准编号 | 2024年代替情况 |
|---|---|---|---|
| 22 | 海上风电场工程防腐蚀设计规范 | NB/T 10626—2021 | |
| 23 | 海底光缆工程设计规范 | GB/T 51154—2015 | |
| 24 | 海上风电场工程嵌岩桩基设计规程 | NB/T 11002—2022 | |
| 四 | 太阳能发电 | | |
| 1 | 光伏发电工程地质勘察规范 | NB/T 10100—2018 | |
| 2 | 太阳能热发电厂岩土工程勘察规程 | DL/T 5628—2021 | |
| 3 | 光伏支架结构设计规程 | NB/T 10115—2018 | |
| 4 | 光伏发电站设计标准（2024年版） | GB 50797—2012（2024年版） | GB 50797—2012 |
| 5 | 海上光伏发电系统设计规范 | NB/T 11744—2024 | 新出 |
| 6 | 槽式太阳能光热发电站设计标准 | GB/T 51396—2019 | |
| 7 | 塔式太阳能光热发电站设计标准 | GB/T 51307—2018 | |
| 8 | 太阳能热发电厂储热系统设计规范 | DL/T 5622—2021 | |
| 9 | 太阳能热发电厂仪表与控制及信息系统设计规范 | DL/T 5594—2021 | |
| 五 | 生物质发电 | | |
| 1 | 生物质发电工程地质勘察规范 | NB/T 10147—2019 | |
| 2 | 生物天然气工程设计导则 | NB/T 11101—2023 | |
| 3 | 电厂动力管道设计规范 | GB 50764—2012 | |
| 4 | 火力发电厂汽水管道设计规范 | DL/T 5054—2016 | |
| 5 | 发电厂保温油漆设计规程 | DL/T 5072—2019 | |
| 6 | 发电厂油气管道设计规程 | DL/T 5204—2016 | |
| 7 | 火力发电厂燃油系统设计规程 | DL/T 5550—2018 | |
| 8 | 火力发电厂厂用电设计技术规程 | DL/T 5153—2014 | |
| 9 | 农林生物质发电工程劳动安全与职业卫生设计规范 | NB/T 11741—2024 | 新出 |
| 10 | 发电厂化学设计规范 | DL 5068—2014 | |

续表

| 序号 | 标准名称 | 标准编号 | 2024年代替情况 |
|---|---|---|---|
| 六 | 新型储能 | | |
| 1 | 电化学储能电站设计规范 | GB 51048—2014 | |
| 2 | 风光储联合发电站设计标准 | GB/T 51437—2021 | |
| 3 | 电化学储能电站接入电网设计规范 | DL/T 5810—2020 | |
| 4 | 电化学储能电站初步设计内容深度规定 | DL/T 5861—2023 | |
| 5 | 电化学储能电站施工图设计内容深度规定 | DL/T 5862—2023 | |

# 附录3  质量监督检查常用施工验收类标准

| 序号 | 标准名称 | 标准编号 | 2024年代替情况 |
|---|---|---|---|
| 一 | 通用部分 | | |
| 1 | 建筑工程施工质量验收统一标准 | GB 50300—2013 | |
| 2 | 电力建设施工质量验收规程 第1部分：土建工程 | DL/T 5210.1—2021 | |
| 3 | 大体积混凝土施工标准 | GB 50496—2018 | |
| 4 | 钢筋焊接及验收规程 | JGJ 18—2012 | |
| 5 | 建筑地基基础工程施工质量验收标准 | GB 50202—2018 | |
| 6 | 建筑地基检测技术规范 | JGJ 340—2015 | |
| 7 | 高耸结构工程施工质量验收规范 | GB 51203—2016 | |
| 8 | 钢结构工程施工质量验收标准 | GB 50205—2020 | |
| 9 | 砌体结构工程施工质量验收规范 | GB 50203—2011 | |
| 10 | 通风与空调工程施工质量验收规范 | GB 50243—2016 | |
| 11 | 通用硅酸盐水泥 | GB 175—2023 | |
| 12 | 土工试验方法标准 | GB/T 50123—2019 | |
| 13 | 钢筋混凝土用钢 第1部分：热轧光圆钢筋 | GB/T 1499.1—2024 | GB/T 1499.1—2017 |
| 14 | 钢筋混凝土用钢 第2部分：热轧带肋钢筋 | GB/T 1499.2—2024 | GB/T 1499.2—2018 |
| 15 | 钢筋混凝土用钢 第3部分：钢筋焊接网 | GB/T 1499.3—2022 | |
| 16 | 混凝土物理力学性能试验方法标准 | GB/T 50081—2019 | |
| 17 | 电力建设土建工程施工技术检验规范 | DL/T 5710—2023 | |
| 18 | 电气装置安装工程 高压电器施工及验收规范 | GB 50147—2010 | |
| 19 | 电气装置安装工程 电力变压器、油浸电抗器、互感器施工及验收规范 | GB 50148—2010 | |
| 20 | 电气装置安装工程 母线装置施工及验收规范 | GB 50149—2010 | |
| 21 | 电气装置安装工程 电气设备交接试验标准 | GB 50150—2016 | |
| 22 | 电气装置安装工程 电缆线路施工及验收标准 | GB 50168—2018 | |
| 23 | 电气装置安装工程 接地装置施工及验收规范 | GB 50169—2016 | |
| 24 | 电气装置安装工程 旋转电机施工及验收标准 | GB 50170—2018 | |

续表

| 序号 | 标 准 名 称 | 标 准 编 号 | 2024 年代替情况 |
|---|---|---|---|
| 25 | 电气装置安装工程 盘、柜及二次回路接线施工及验收规范 | GB 50171—2012 | |
| 26 | 电气装置安装工程 蓄电池施工及验收规范 | GB 50172—2012 | |
| 27 | 电气装置安装工程 66kV 及以下架空电力线路施工及验收规范 | GB 50173—2014 | |
| 28 | 电气装置安装工程 低压电器施工及验收规范 | GB 50254—2014 | |
| 29 | 电气装置安装工程 电力变流设备施工及验收规范 | GB 50255—2014 | |
| 30 | 电气装置安装工程 起重机电气装置施工及验收规范 | GB 50256—2014 | |
| 31 | 电气装置安装工程 爆炸和火灾危险环境电气装置施工及验收规范 | GB 50257—2014 | |
| 32 | 电力光纤通信工程验收规范 | DL/T 5344—2018 | |
| 33 | 继电保护及二次回路安装及验收规范 | GB/T 50976—2014 | |
| 二 | 水电工程 | | |
| 1 | 水电水利工程截流施工技术规范 | DL/T 5741—2016 | |
| 2 | 水电水利工程过水围堰施工技术规范 | DL/T 5799—2019 | |
| 3 | 水电水利工程施工基坑排水技术规范 | DL/T 5719—2015 | |
| 4 | 抽水蓄能电站输水系统充排水技术规程 | DL/T 1770—2017 | |
| 5 | 水工混凝土配合比设计规程 | DL/T 5330—2015 | |
| 6 | 水电水利工程预应力锚固施工规范 | DL/T 5083—2019 | |
| 7 | 水电水利工程锚喷支护施工规范 | DL/T 5181—2017 | |
| 8 | 水电水利工程爆破施工技术规范 | DL/T 5135—2013 | |
| 9 | 水电水利工程边坡施工技术规范 | DL/T 5255—2010 | |
| 10 | 水工建筑物岩石基础开挖工程施工技术规范 | DL/T 5389—2007 | |
| 11 | 水电水利工程岩壁梁施工规程 | DL/T 5198—2013 | |
| 12 | 水电水利工程竖井斜井施工规范 | DL/T 5407—2019 | |
| 13 | 全断面岩石掘进机施工技术导则 | DL/T 5819—2021 | |

续表

| 序号 | 标准名称 | 标准编号 | 2024年代替情况 |
|---|---|---|---|
| 14 | 水电水利工程土工合成材料施工规范 | DL/T 5743—2016 | |
| 15 | 碾压式土石坝施工规范 | DL/T 5129—2013 | |
| 16 | 水电水利工程砾石土心墙堆石坝施工规范 | DL/T 5269—2012 | |
| 17 | 混凝土面板堆石坝施工规范 | DL/T 5128—2021 | |
| 18 | 混凝土面板堆石坝接缝止水技术规范 | DL/T 5115—2016 | |
| 19 | 混凝土面板堆石坝挤压边墙技术规范 | DL/T 5297—2013 | |
| 20 | 沥青混凝土面板堆石坝及库盆施工规范 | DL/T 5310—2013 | |
| 21 | 水工建筑物地下工程开挖施工技术规范 | DL/T 5099—2011 | |
| 22 | 崩坡堆积体隧洞施工规范 | DL/T 5874—2024 | 新出 |
| 23 | 水电水利工程沉井施工技术规程 | DL/T 5702—2014 | |
| 24 | 水工建筑物水泥灌浆施工技术规范 | DL/T 5148—2021 | |
| 25 | 土坝灌浆技术规范 | DL/T 5238—2010 | |
| 26 | 水电水利工程混凝土防渗墙施工规范 | DL/T 5199—2019 | |
| 27 | 水电水利工程高压喷射灌浆技术规范 | DL/T 5200—2019 | |
| 28 | 水电水利工程振冲法地基处理技术规范 | DL/T 5214—2016 | |
| 29 | 水电水利工程化学灌浆技术规范 | DL/T 5406—2019 | |
| 30 | 深层搅拌法地基处理技术规范 | DL/T 5425—2018 | |
| 31 | 水电水利工程抗滑桩施工规范 | DL/T 5828—2021 | |
| 32 | 水电水利工程接缝灌浆施工技术规范 | DL/T 5712—2014 | |
| 33 | 水电水利工程模板施工规范 | DL/T 5110—2013 | |
| 34 | 水工建筑物滑动模板施工技术规范 | DL/T 5400—2016 | |
| 35 | 水工混凝土温度控制施工规范 | DL/T 5787—2019 | |
| 36 | 水工混凝土表面保温施工技术规范 | DL/T 5750—2017 | |
| 37 | 水工碾压混凝土施工规范 | DL/T 5112—2021 | |
| 38 | 水工混凝土钢筋施工规范 | DL/T 5169—2013 | |
| 39 | 水电水利工程清水混凝土施工规范 | DL/T 5306—2013 | |
| 40 | 水电水利工程水下混凝土施工规范 | DL/T 5309—2013 | |
| 41 | 水工变态混凝土施工规范 | DL/T 5788—2019 | |

续表

| 序号 | 标 准 名 称 | 标 准 编 号 | 2024年代替情况 |
|---|---|---|---|
| 42 | 水电水利工程导流隧洞及导流底孔封堵施工规范 | DL/T 5812—2020 | |
| 43 | 水电水利工程泵送混凝土施工技术规范 | DL/T 5824—2021 | |
| 44 | 水电水利工程纤维混凝土施工规范 | DL/T 5797—2019 | |
| 45 | 水电水利工程堆石混凝土施工规范 | DL/T 5806—2020 | |
| 46 | 水工混凝土施工规范 | DL/T 5144—2015 | |
| 47 | 水工建筑物止水带技术规范 | DL/T 5215—2005 | |
| 48 | 水工碾压式沥青混凝土施工规范 | DL/T 5363—2016 | |
| 49 | 土石坝浇筑式沥青混凝土防渗墙施工技术规范 | DL/T 5258—2010 | |
| 50 | 水电水利工程聚脲涂层施工技术规程 | DL/T 5317—2014 | |
| 51 | 水电水利工程混凝土结构表面涂层防护技术规范 | DL/T 5873—2024 | 新出 |
| 52 | 混凝土坝安全监测系统施工技术规范 | DL/T 5784—2019 | |
| 53 | 土石坝安全监测系统施工技术规范 | DL/T 5839—2021 | |
| 54 | 大坝安全监测系统验收规范 | GB/T 22385—2008 | |
| 55 | 可逆式抽水蓄能机组启动试运行规程 | GB/T 18482—2010 | |
| 56 | 水轮发电机组启动试验规程 | DL/T 507—2014 | |
| 57 | 水轮机、水泵水轮机和蓄能泵启动试验及试运行导则 | GB/T 43595—2023 | |
| 58 | 水轮发电机组安装技术规范 | GB/T 8564—2023 | |
| 59 | 水轮机、蓄能泵和水泵水轮机水力性能现场验收试验规程 | GB/T 20043—2005 | |
| 60 | 大型混流式水轮发电机组型式试验规程 | DL/T 2592—2023 | |
| 61 | 水轮机电液调节系统及装置调整试验导则 | DL/T 496—2016 | |
| 62 | 发电机励磁系统及装置安装、验收规程 | DL/T 490—2024 | DL/T 490—2011 |
| 63 | 水轮机金属蜗壳现场制造安装及焊接工艺导则 | DL/T 5070—2012 | |
| 64 | 混流式水轮机转轮现场制造工艺导则 | DL/T 5071—2012 | |

续表

| 序号 | 标准名称 | 标准编号 | 2024年代替情况 |
|---|---|---|---|
| 65 | 水轮发电机转子现场装配工艺导则 | DL/T 5230—2009 | |
| 66 | 水轮发电机定子现场装配工艺导则 | DL/T 5420—2009 | |
| 67 | 水轮机筒形阀安装调试规程 | NB/T 11193—2023 | |
| 68 | 可逆式抽水蓄能机组启动调试导则 | DL/T 2593—2023 | |
| 69 | 水轮发电机内冷安装技术导则 | DL/T 5811—2020 | |
| 70 | 水轮机调速器涉网性能仿真检测技术规范 | DL/T 2191—2020 | |
| 71 | 抽水蓄能电站计算机监控系统试验验收规程 | DL/T 2289—2021 | |
| 72 | 水电工程钢闸门制造安装及验收规范 | NB/T 35045—2014 | |
| 73 | 水电工程启闭机制造安装及验收规范 | NB/T 35051—2015 | |
| 74 | 水电水利工程压力钢管制造安装及验收规范 | DL/T 5017—2007 | |
| 75 | 水电水利工程斜井压力钢管溜放及定位施工导则 | DL/T 5830—2021 | |
| 76 | 水电水利工程竖井压力钢管吊装施工导则 | DL/T 5831—2021 | |
| 77 | 电力钢结构焊接通用技术条件 | DL/T 678—2023 | |
| 78 | 水电水利工程砂石加工系统施工技术规程 | DL/T 5271—2012 | |
| 79 | 水电水利工程砂石料开采及加工系统运行规范 | DL/T 5311—2013 | |
| 80 | 水电水利工程连续式混凝土搅拌站生产导则 | DL/T 5822—2021 | |
| 81 | 水电水利工程施工安全监测技术规范 | DL/T 5308—2013 | |
| 82 | 水电水利基本建设工程单元工程质量等级评定标准 第1～15部分 | DL/T 5113.1～15 | |
| 83 | 水电水利基础处理工程竣工资料整编及验收规范 | DL/T 5774—2018 | |
| 84 | 水电工程验收规程 | NB/T 35048—2015 | |
| 三 | 风电工程 | | |
| 1 | 风力发电机组 装配和安装规范 | GB/T 19568—2017 | |
| 2 | 风电机组混凝土-钢混合塔筒施工规范 | NB/T 10908—2021 | |

续表

| 序号 | 标准名称 | 标准编号 | 2024年代替情况 |
|---|---|---|---|
| 3 | 风力发电工程施工与验收规范 | GB/T 51121—2015 | |
| 4 | 风力发电工程建设施工监理规范 | NB/T 31084—2016 | |
| 5 | 风电场工程质量管理规程 | NB/T 10684—2021 | |
| 6 | 陆上风电场工程施工安装技术规程 | NB/T 10087—2018 | |
| 7 | 风力发电机组 验收规范 | GB/T 20319—2017 | |
| 8 | 风力发电机组 高强螺纹连接副安装技术要求 | GB/T 33628—2017 | |
| 9 | 风力发电机组 吊装安全技术规程 | GB/T 37898—2019 | |
| 10 | 风力发电机组 塔架 | GB/T 19072—2022 | |
| 11 | 风力发电场项目建设工程验收规程 | DL/T 5191—2004 | |
| 12 | 风力发电工程施工组织设计规范 | DL/T 5384—2007 | |
| 13 | 风力发电场并网验收规范 | NB/T 31076—2016 | |
| 14 | 风电机组塔架用高强度螺栓连接副 | NB/T 31082—2016 | |
| 15 | 陆上风电场工程施工安全技术规范 | NB/T 10208—2019 | |
| 16 | 陆上风电场工程风电机组基础施工规范 | NB/T 10906—2021 | |
| 17 | 风电场工程混凝土试验检测技术规范 | NB/T 10627—2021 | |
| 18 | 风电场工程材料试验检测技术规范 | NB/T 10628—2021 | |
| 19 | 风电场工程施工质量检验与评定规程 | NB/T 11372—2023 | |
| 20 | 陆上风电场工程拆除技术规范 | NB/T 11604—2024 | 新出 |
| 21 | 海上风力发电工程施工规范 | GB/T 50571—2010 | |
| 22 | 海底光缆工程验收规范 | GB/T 51167—2016 | |
| 23 | 海底电力电缆输电工程施工及验收规范 | GB/T 51191—2016 | |
| 24 | 海上风电场工程测量规程 | NB/T 10104—2018 | |
| 25 | 海上风力发电机组 防腐规范 | GB/T 33630—2017 | |
| 26 | 海上风电场工程风电机组复合筒型基础技术规范 | NB/T 11086—2023 | |
| 27 | 船舶及海洋工程阳极屏涂料通用技术条件 | GB/T 7788—2007 | |
| 28 | 水运工程结构防腐蚀施工规范 | JTS/T 209—2020 | |

续表

| 序号 | 标 准 名 称 | 标 准 编 号 | 2024年代替情况 |
|---|---|---|---|
| 29 | 水运工程质量检验标准 | JTS 257—2008 | |
| 30 | 水运工程混凝土试验检测技术规范 | JTS/T 236—2019 | |
| 31 | 水工混凝土结构缺陷检测技术规程 | SL 713—2015 | |
| 32 | 海港工程高性能混凝土质量控制标准 | JTS 257-2—2012 | |
| 33 | 水运工程混凝土施工规范 | JTS 202—2011 | |
| 34 | 海上风电场工程基桩检测技术规程 | NB/T 11371—2023 | |
| 35 | 海上风力发电机组主控制系统技术规范 | NB/T 31043—2019 | |
| 36 | 海上风力发电机组钢制基桩及承台制作技术规范 | NB/T 31080—2016 | |
| 37 | 沿海及海上风电机组腐蚀控制技术规范 | GB/T 33423—2024 | GB/T 33423—2016 |
| 38 | 海上风电场风力发电机组基础技术要求 | GB/T 36569—2018 | |
| 39 | 海上风电场工程施工安全技术规范 | NB/T 10393—2020 | |
| 40 | 海上风电场工程基础防撞设施技术规程 | NB/T 11001—2022 | |
| 41 | 海上风电场钢结构防腐蚀技术标准 | NB/T 31006—2011 | |
| 42 | 海上风电场风力发电机组混凝土基础防腐蚀技术规范 | NB/T 31133—2018 | |
| 43 | 海上风电场工程施工组织设计规范 | NB/T 31033—2019 | |
| 44 | 海上风电场土建工程施工质量检验与评定标准 | NB/T 11655—2024 | 新出 |
| 四 | 太阳能发电 | | |
| 1 | 光伏发电站施工规范 | GB 50794—2012 | |
| 2 | 太阳能发电站支架基础技术规范 | GB 51101—2016 | |
| 3 | 光伏发电站土建施工单元工程质量评定标准 | NB/T 32047—2018 | |
| 4 | 光伏发电工程验收规范 | GB/T 50796—2012 | |
| 5 | 光伏发电工程施工组织设计规范 | GB/T 50795—2012 | |
| 6 | 光伏发电工程组件及支架安装质量评定标准 | NB/T 10320—2019 | |
| 7 | 光伏发电工程建设监理规范 | NB/T 32042—2018 | |
| 8 | 光伏发电工程项目质量管理规程 | NB/T 11354—2023 | |

续表

| 序号 | 标准名称 | 标准编号 | 2024年代替情况 |
|---|---|---|---|
| 9 | 漂浮式光伏发电站施工规范 | NB/T 11353—2023 | |
| 10 | 光伏发电站继电保护技术规范 | GB/T 32900—2016 | |
| 11 | 塔式太阳能光热发电站集热系统技术要求 | GB/T 44222—2024 | 新出 |
| 12 | 塔式太阳能光热发电站定日镜技术要求 | GB/T 44140—2024 | 新出 |
| 五 | 生物质发电 | | |
| 1 | 生物质发电工程地质勘察规范 | NB/T 10147—2019 | |
| 2 | 电力建设施工技术规范 第2部分：锅炉机组 | DL 5190.2—2019 | |
| 3 | 电力建设施工技术规范 第3部分：汽轮发电机组 | DL 5190.3—2019 | |
| 4 | 电力建设施工技术规范 第4部分：热工仪表及控制装置 | DL 5190.4—2019 | |
| 5 | 电力建设施工技术规范 第5部分：管道及系统 | DL 5190.5—2019 | |
| 6 | 电力建设施工技术规范 第6部分：水处理及制氢设备和系统 | DL 5190.6—2019 | |
| 7 | 电力建设施工技术规范 第8部分：加工配制 | DL 5190.8—2019 | |
| 8 | 电力建设施工技术规范 第9部分：水工结构工程 | DL/T 5190.9—2022 | |
| 9 | 电力建设施工质量验收规程 第2部分：锅炉机组 | DL/T 5210.2—2018 | |
| 10 | 电力建设施工质量验收规程 第3部分：汽轮发电机组 | DL/T 5210.3—2018 | |
| 11 | 电力建设施工质量验收规程 第4部分：热工仪表及控制装置 | DL/T 5210.4—2018 | |
| 12 | 电力建设施工质量验收规程 第5部分：焊接 | DL/T 5210.5—2018 | |
| 13 | 电力建设施工质量验收规程 第6部分：调整试验 | DL/T 5210.6—2018 | |
| 六 | 新型储能 | | |
| 1 | 全钒液流电池 安装技术规范 | GB/T 42145—2018 | |

续表

| 序号 | 标准名称 | 标准编号 | 2024年代替情况 |
|---|---|---|---|
| 2 | 锌基液流电池 安装技术规范 | NB/T 11066—2023 | |
| 3 | 预制舱式锂离子电池储能系统技术规范 | GB/T 44026—2024 | 新出 |
| 4 | 电力储能用锂离子电池 | GB/T 36276—2023 | |
| 5 | 电力系统电化学储能系统通用技术条件 | GB/T 36558—2018 | |
| 6 | 电化学储能系统储能变流器技术要求 | GB/T 34120—2023 | |
| 7 | 电化学储能电站用锂离子电池技术规范 | NB/T 42091—2016 | |
| 8 | 电化学储能电站启动验收规程 | GB/T 43868—2024 | 新出 |
| 9 | 电化学储能电站调试规程 | GB/T 42737—2023 | |
| 10 | 电化学储能电站并网运行与控制技术规范 第1部分：并网运行调试 | DL/T 2246.1—2021 | |
| 11 | 电力储能用压缩空气储能系统技术要求 | GB/T 43687—2024 | 新出 |

## 附录 4  质量监督检查常用运行维护类标准

| 序号 | 标 准 名 称 | 标 准 编 号 | 2024 年代替情况 |
|---|---|---|---|
| 一 | 水电工程 | | |
| 1 | 水电厂水库运行管理规范 | DL/T 1259—2013 | |
| 2 | 抽水蓄能电站水库运行管理规范 | DL/T 2425—2021 | |
| 3 | 水电站生产准备导则 | DL/T 2786—2024 | 新出 |
| 4 | 抽水蓄能电站生产准备导则 | DL/T 1225—2024 | DL/T 1225—2013 |
| 5 | 水工混凝土建筑物缺陷检测和评估技术规程 | DL/T 5251—2024 | DL/T 5251—2010 |
| 6 | 大坝安全监测资料分析规程 | DL/T 2340—2021 | |
| 7 | 大坝安全监测系统运行维护规程 | DL/T 1558—2016 | |
| 8 | 水轮机运行规程 | DL/T 710—2018 | |
| 9 | 水轮发电机运行规程 | DL/T 751—2014 | |
| 10 | 抽水蓄能可逆式水泵水轮机运行规程 | DL/T 293—2011 | |
| 11 | 抽水蓄能可逆式发电电动机运行规程 | DL/T 305—2012 | |
| 12 | 可逆式水泵水轮机调节系统运行规程 | GB/T 32878—2016 | |
| 13 | 水轮机调节系统用油维护规程 | DL/T 1975—2019 | |
| 14 | 抽水蓄能机组静止变频装置运行规程 | DL/T 1302—2013 | |
| 15 | 混流式水轮机维护检修规程 | DL/T 2574—2022 | |
| 16 | 大中型水轮发电机自并励磁系统及装置运行和检修规程 | DL/T 491—2024 | DL/T 491—2008 |
| 17 | 水轮发电机组状态在线监测系统运行维护与检修试验规程 | DL/T 1971—2019 | |
| 18 | 水电工程闸门和启闭机运行维护规程 | NB/T 11019—2022 | |
| 二 | 风电工程 | | |
| 1 | 风力发电机组　运行及维护要求 | GB/T 25385—2019 | |
| 2 | 风力发电场运行规程 | DL/T 666—2012 | |
| 3 | 风力发电场升压站防雷系统运行维护规程 | NB/T 10576—2021 | |
| 4 | 风力发电机组防雷系统运行维护规程 | NB/T 10577—2021 | |
| 5 | 风力发电场维护规程 | NB/T 10985—2022 | |

续表

| 序号 | 标准名称 | 标准编号 | 2024年代替情况 |
|---|---|---|---|
| 6 | 海上风力发电机组 运行及维护要求 | GB/T 37424—2019 | |
| 7 | 海上风电场运行维护规程 | GB/T 32128—2015 | |
| 8 | 海底电力电缆运行规程 | DL/T 1278—2013 | |
| 9 | 海上风力发电机组 运维舱技术规范 | NB/T 10657—2021 | |
| 10 | 海上风电场升压站运行规程 | NB/T 10322—2019 | |
| 三 | 太阳能发电 | | |
| 1 | 光伏发电站运行规程 | GB/T 38335—2019 | |
| 2 | 漂浮式光伏发电站运行维护规程 | NB/T 11352—2023 | |
| 3 | 光伏发电站继电保护技术规范 | GB/T 32900—2016 | |
| 4 | 光伏电站生产准备导则 | NB/T 10589—2021 | |
| 5 | 光伏电站维护规程 | NB/T 11346—2023 | |
| 6 | 塔式太阳能光热发电站运行规程 | GB/T 44079—2024 | 新出 |
| 四 | 生物质发电 | | |
| 1 | 生活垃圾焚烧厂运行维护与安全技术标准 | CJJ 128—2017 | |
| 2 | 生活垃圾卫生填埋气体收集处理及利用工程运行维护技术规程 | CJJ 175—2012 | |
| 3 | 生活垃圾焚烧厂运行监管标准 | CJJ/T 212—2015 | |
| 4 | 生活垃圾焚烧厂检修规程 | CJJ 231—2015 | |
| 五 | 新型储能 | | |
| 1 | 储能电站运行维护规程 | GB/T 40090—2021 | |
| 2 | 风光储联合发电站运行导则 | NB/T 10625—2021 | |
| 3 | 电化学储能电站安全规程 | GB/T 42288—2022 | |
| 4 | 电化学储能电站检修规程 | GB/T 42315—2023 | |
| 5 | 压缩空气储能电站运行维护规程 | DL/T 2619—2023 | |

# 声 明

　　本报告内容未经许可，任何单位和个人不得以任何形式复制、转载。

　　本报告相关内容、数据及观点仅供参考，不构成投资等决策依据，水电水利规划设计总院（可再生能源发电工程质量监督站）不对因使用本报告内容导致的损失承担任何责任。

　　如无特别注明，本报告各项中国统计数据不包含香港特别行政区、澳门特别行政区和台湾省的数据。 部分数据因四舍五入的原因，存在总计与分项合计不等的情况。

　　本报告部分数据引自国家能源局、国家能源局电力可靠性管理和工程质量监督中心、华能电力建设工程质量监督中心站、国家能源集团电力建设工程质量监督中心站、内蒙古电力建设工程质量监督中心站、蒙东电力工程质量监督中心站、华北电力建设工程质量监督中心站、辽宁省电力建设工程质量监督中心站、贵州省电力建设工程质量监督中心站、陕西省电力建设工程质量监督中心站等单位发布（提供）的数据，在此一并致谢！

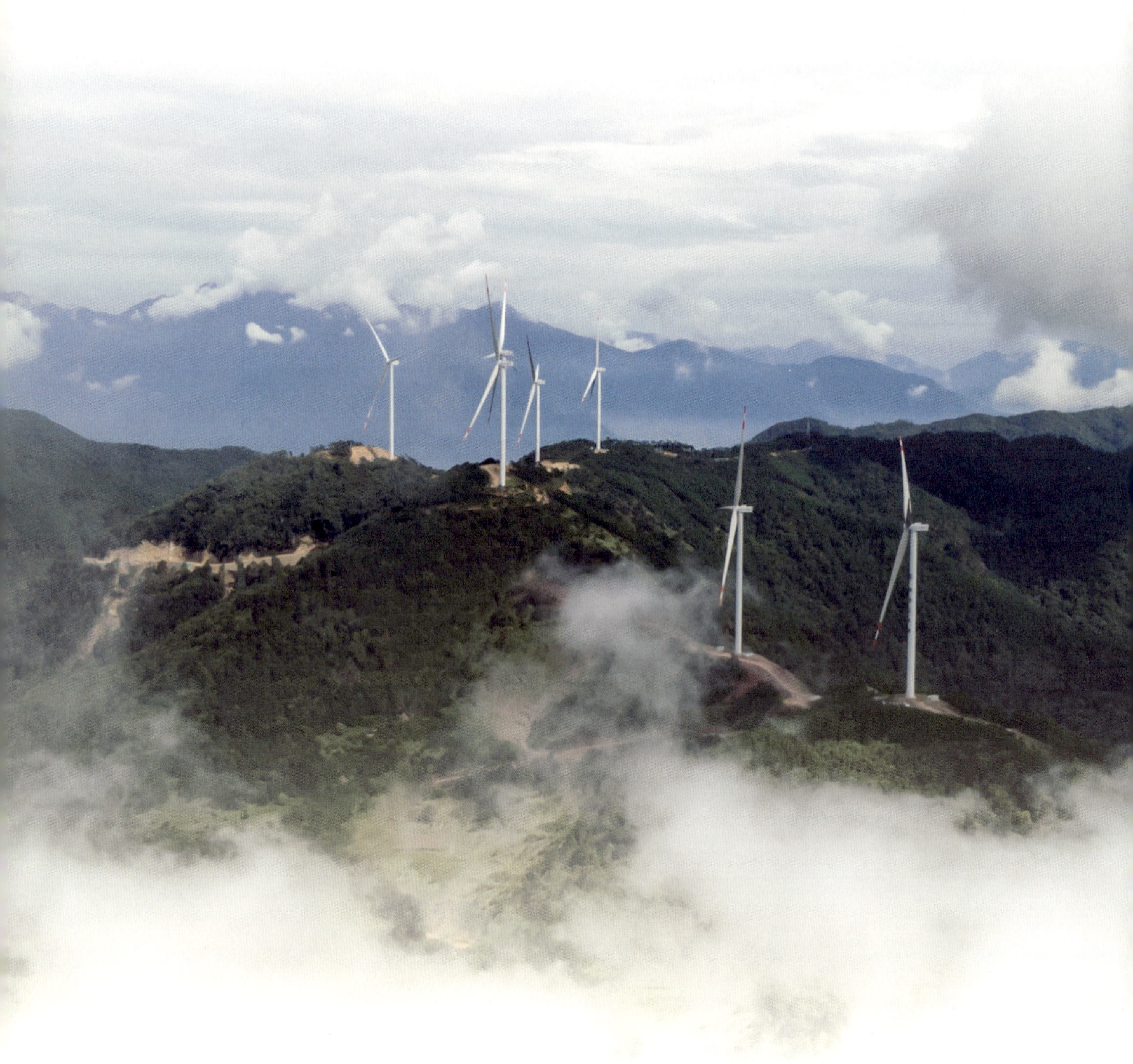